內在陰影療癒日記

THE COMPLETE SHADOW WORK WORKBOOK *and* JOURNAL

凱莉・布蘭布雷特 Kelly Bramblett ㊢著

洪世民 ㊢譯

謹將此書獻給所有努力做功課、修復傷口、持續為提升自我奮鬥的人，
謝謝你們盡了自己的心力。

目錄 contents

THE COMPLETE SHADOW WORK WORKBOOK *and* JOURNAL

序

歡迎來到這趟嶄新、刺激的旅程，我叫凱莉 布蘭布雷特，我將帶領你完成在這本練習手冊裡為你設計的陰影習作[1]。我是創傷照護專業人員、情緒釋放技巧（ＥＦＴ）執業者、人生教練、吸引力法則執業者，以及臼井靈氣[2]大師班講師。不過，除了上述執照和頭銜，我也是創傷的倖存者，而我有深刻的動力想經由指導人們先療癒自己，再來協助完成群體的療癒。

我學到最寶貴的課題不是上課獲得的，而是二十多年來我個人透過「陰影習作」恢復健康的旅程的心得。那段旅途，我一直以進兩步、退一步的步伐前進，進展之所以緩慢，是因為我缺乏處理和修復受傷自我的工具。我學得很慢，因為那些課題太強大了，但慢慢地，隨著我的人生漸入佳境，我知道我想要把我學到的一切教給大家，讓大家不必像我那樣得花二十年尋找出路。如果你能持之以恆地應用這本練習手冊裡的實作和技巧，你學到的東西將能支持你度過餘生。

儘管我的「陰影習作」旅程是以治癒我未癒的創傷為基礎，這項工作仍有許多層次。陰影只是潛意識的代稱，但有好多事在我們意識的表面下發生，例如我們的限制性信念、制約思維、未癒的創傷、羞恥感、自我意識、深層恐懼等等，都是「陰影」心理的層面，而這些東西結合起來，就是我們產生惡性循環、觸發因子和普遍不滿足感的原因。

這本書適合每一個感覺困頓，或有更深層渴望的人，也適合真正想要了解自己，並且願意用愛、用同情和徹底自我接納的能量來檢視潛意識中有所不安的你。我知道這現在聽來有點（甚至非常）可怕，但我會在這裡溫柔地帶領你走完全程，為你提供經過驗證的工具，而這些工具會在你完成這本手冊之後，繼續長

1.「陰影」（shadow）是榮格（Carl Jung）的心理學概念，指人的潛意識或夢中性格與自我相反的人物，正面自我的陰影是負面的，負面自我的陰影是正面的。「陰影習作」則是透過練習，幫助你看清自己內心深處的陰暗想法，經由與自己的負面想法共處，脫離你不喜歡的生活模式。

2.臼井靈氣（Usui Reiki Master）是臼井甕男（Usui Mikao）於一九二二年創立的身心能量技術，指一個人在進入了「安心立命」的狀態後，能夠促進身體自我療癒能力的提升。

長久久給你支持。

雖然這本練習手冊是設計來賦予你力量，讓你覺得有信心可以靠自己完成這項功課的，但它無法取代專業治療。如果你真的覺得陰影習作會誘發劇烈得難以獨自消受的情緒或侵入性想法，請立刻尋求協助。承認我們需要支援沒什麼好可恥的，因為沒有人非得自己一個人度過人生。

「陰影習作」固然可能令人非常不舒服，但也會帶來豐厚的報酬和愉悅。別忘了，我們一直在成長、一直在學習，在你逐步完成這本手冊時，請記得這個事實，並放鬆心情。來，深吸一口氣，等你準備好，我們就上路吧！

如何使用這本書

這本書分成兩部分。第一部分帶你入門，幫助你更深入理解「陰影習作」是什麼，以及那可以如何改善你的人生。第二部分是包含六章的互動式工作手冊，包含互動練習、你可以在日常生活中實踐的做法，你也會一路見到分散在書中各處的參考個案。每一章包含單獨的日記、帶有指導性質的寫作提示，這些內容是設計來幫助你在陰影習作的旅途上反思、想法與有所成就。

如何使用這本書完全取決於你感覺哪種方式對你最好，你可以從頭做到尾，也可以探究不同的主題，任憑直覺帶你去做當下你最需要的事項。不論你選擇使用哪一種方法，只要記得，方法只是旅程，並不是終點，而這句俗話在心靈工作和個人發展方面饒富智慧。慢慢來，讓每一個課題都能充分融入，以協助你在人生中開創健康的轉變。這些實作不該在倉促中進行，不該好像只是在待辦清單上勾選已完成的事項。相反地，這些課題和概念應該持續運用於建立新的習慣。永續的變革和成長，會一次朝正確的方向前進一小步，你不需要太過著急。

本書的第一部分將成為你的基礎，透過完整理解陰影習作是什麼和不是什麼，來建立穩定性。我會帶你深入探究「陰影自我」，注意我們的限制性信念和制約思維是怎麼形成的。請了解，人人都有「陰暗面」，雖然你沿途發現的事物，可能會讓你出於本能感到羞恥或尷尬，但只要抱持正確的心態，認識自己這些被遮蔽的部分，將是你最佳的成長工具。慢慢地，你甚至將學會對這些痛苦的課題、蒙受的創傷，和貯存在潛意識裡面的不適能量常懷感激。不過，首先你需要覺察和了解你的陰影自我是怎麼經由過往經驗塑造而成的。先明白這件事，你才能自在、自信地走完這些過程，為你的成功和永續成長奠定基礎。

Part 1

認識「陰影習作」

這一章主要著眼於解釋是哪些東西構成我們的「陰影」層面，以及陰影是如何在我們的人生中日益壯大。有許多不同的面向都和陰影自己無止境地發展有關。我們的用意不是要扼殺或消滅這些部分，因為有這些部分，你才是完整的你。我們的目標是學習如何去愛、去體會、不帶評斷地觀察，進而融合你的陰影，而不必認同它。這麼一來，你就可以在反應與回應之間創造出空間——不管面對任何問題，都不再會急於反應，而能作出健康的選擇。

你將學會安撫你心裡的孩子、把你心裡的批評者打發走、讓你的自我安靜下來。如此一來，你就可以在清澈透明的空間作出正確決定。心態對這項功課至關重要，這一章也將處理心態問題。你將明白，在我們試著忽略、逃離或壓抑陰影的同時，往往就會製造出混亂。另外，我也將詳盡介紹陰影習作會使用哪些方式，在你人生的所有領域給你幫助。

Chapter

01

見見你的「陰影自我」

處理制約思維

我忘不了輔導生涯初期合作過的一名個案，她叫莎拉，她會來找我是因為她覺得她和食物有不健康的關係。她把那形容為食物上癮，而她更在意攝取食物的質，而非量。

我們開始揭露她的創傷歷史。她和我分享，她從小一直是一個大家庭裡的代罪羔羊，對她身心施暴的母親會一直給全家人灌輸恐懼、控制全家人，包括她溫順的父親，即便她的父親從來不對她施暴，但也從來沒有介入過。某一天她跟我分享，她的母親常一邊拿鞋打她，一邊反覆尖叫：「妳這個敗類！妳這個敗類！」

當我和莎拉一起合作時，她原本有志成為輔導師和作家，但童年形成的限制性信念讓她相信她不夠好，無法勝任那些工作。她對目前的工作和生活不滿，這促使她仰賴食物作為慰藉、填補她痛苦過往留下的空洞。我帶領她面對這些限制性信念，並設計一套EFT腳本，幫助她釋放體內長年貯存的情緒，進而改變她的想法。我們最後一次談話時，她接受了兩個公益服務的個案委託，正忙著考全方位人生教練執照。

何謂陰影自我

「陰影自我」一詞是知名瑞士心理學家及精神分析師卡爾・榮格[3]所創造的，不過，在看了今天網路上大肆流傳的那些荒誕不經的解釋後，你可能不知道「陰影自我」是有科學根據的。陰影自我其實一點也不神秘，只是目前仍掩藏、深埋的東西非常神秘罷了。那些東西常令我們覺得羞恥或困窘，而這就是我們可能不願認清它們的主因。

我常問我抗拒這項工作的個案是否自覺完美，無一例外地，他們會毫不猶豫地回答：「當然不是！」而我的第二個問題都是「那你為什麼會對自己跟其他人一樣不完美感到那麼可恥？」這似乎能幫助他們用少一點評斷、多一點接納來觀察自己。完美不是目標，也不是人類正常的經驗，我們應該永遠把目標擺在覺察和持續地成長。人人都有要對抗的陰影，所以沒有必要覺得你的陰影讓你不如他人，或你的人生目標不值得完成。

陰影自我是怎麼發展的？

陰影自我只是人類境況的一部分，也就是說，從我們吸進第一口氣的那一刻起，我們就擁有收留陰影種種特質的能力了。那些與生俱來存在於大腦最原始的部分，從我們需要自我和戰／逃反應以確保物種存續的遠古祖先身上，就一路傳承給現代人。如今這些心靈層面負責截然不同的效用，以協助我們發展更深層的情緒成熟。

我們這一輩子所有獨一無二的經歷，都會對我們造成衝擊。當面對事情發生時，我們的大腦會時時刻刻從我們的外部刺激接收資訊，而如果我們認同了陰影自我，資訊就會透過那一片稜鏡慢慢地滲透進來，我們便可能因此做出與更高意識不一致的舉動。你是否曾經對你深愛的人亂發脾氣、說了違心之言，直到回復較穩定的心理狀態後才感到內疚不已？當我們未依循核心整合信念系

---

3. 榮格（1875 ~ 1961），瑞士心理學家、精神科醫師，也是分析心理學的開創者。

統[4]行動時，就會發生這種事情，而在我們無法覺察陰影自我的時候，尤其容易發生。

童年和家庭生活

許多我們潛意識根深柢固的制約思維和不健康的信念，都是在童年形成的，而後繼續演化，隨著我們年歲漸長而對我們的人生製造愈來愈多傷害。這就是為什麼陰影習作的一大重點，包括了探索我們最早的記憶和童年環境。孩子出於本能信任父母，進而毫不懷疑地接受父母告知或表現的一切。例如，吝於表現愛意和讚美的父母可能會對孩子造成「遺棄創傷」。啟動防衛機制之下，孩子長大成人後仍會不知如何表達和反映情感，這麼一來，他們就很難維持健康的關係，惡性循環於焉誕生。

創傷經驗和記憶

我們未癒的創傷經驗會在心靈的陰暗面占據廣大空間，特別是人生初期的經驗——當我們的大腦仍在發展基本世界觀念的時候。沒有處理的創傷可能會繼續惡化，使我們墜入毀滅性人生的深淵。進行創傷照護時，我見到很多人為保持健康的心態苦苦掙扎，常與成癮、低自尊、討好別人、無法理解和劃定健康界線等議題搏鬥。若你沿著這些線索前進，幾乎所有有毒害的行為和模式都可以追溯至某個已經潰爛的傷口。

感覺可恥的經驗

羞恥在人類的歷史中扮演要角，但羞恥不該與它精力充沛的表親「內疚」搞混。健康的內疚角色吃重，在我們的行為逾越既定道德標準時提醒我們，給我們機會重新結合我們的核心價值觀和整合信念系統。當我們無法原諒自己，

4. core integral belief system。核心整合信念系統指的是一個個體或群體內部的基本信念骨架，它包括了對生活、價值觀、道德準則等方面的核心信念。這種信念系統通常反映了個體或群體的核心價值觀和信念，對於引導行為、制定決策和建立身分感都具有深遠的影響。核心整合信念系統可能基於宗教、哲學、文化或個人獨特的經歷和觀點，是一個人生觀和價值體系的基石。

或覺得無力掌控那個使我們產生罪惡感的行動時，內疚就會轉化成羞恥。持續經歷創傷事件的個人常產生不健康的內疚和羞恥，覺得要為他人的行為和行動負責。羞恥的能量會貯存在潛意識中，影響我們對自己的感覺、容許他人對待我們的方式，以及是否認為自己值得度過美好的人生。

為什麼善於接納的心靈至關重要

健康的心態和調解良好的神經系統是陰影習作的基礎。你會想要敞開心胸踏出你的舒適圈，同時又想得到充分管理，而能以集中（centered）、穩定（grounded）的方式走出去。我向來建議在開始陰影習作的練習之前，先花幾分鐘集中意識和意念，練習放慢呼吸，用鼻子深吸慢吐，並檢查全

破碎的、捨棄的、帶不走的，
都是擁有過的——都是人生。

即使你不在這裡

町田苑香——著

CROWN 皇冠
843期
2024/5
情慾 性愛 身體
誠實無偽，
赤裸無懼，
照見當代女性的自覺與勇氣
安妮·艾諾與女性書寫
沈意卿｜林文心｜袁瓊瓊｜陳潔曜
曾彥菁｜張瑋軒｜張嘉真｜鄧九雲
蔣亞妮｜諶淑婷 ※按筆畫排序
戰時歲月
林秀赫 布里亞特的憂傷
那晚她第一次感覺到什麼是歷史，第一次進到國旗上那塊黑色的領域。她想像在黑暗中擁抱一個人、撫摸一個人的頭髮……
視界景深
吳文捷 跟著湄公河旅行
湄公河就像人生曲線，彎彎曲曲，卻總能如河水一樣轉個彎後繼續往前流，直至大海的懷抱！

身上下，留意有沒有哪裡肌肉緊繃。慢慢吐氣、釋放緊張，感覺自己放鬆下來。你甚至可以選擇刻意留住對自己的愛、同情和不評斷。

在走完這本書的過程中，無論何時你覺得心力交瘁、焦慮或被觸發太多情緒——這些都是神經系統失調的訊號——請停下來，練習上述呼吸技巧。留意身體的細微轉變，能在生活所有層面給你幫助。如果你想讓這項練習發揮更大的效用，不妨加進你的例行公事裡。你也可以自我挑戰，延長每天的練習時間。如果剛開始你一次只能集中意識幾分鐘，別氣餒，只要勤加練習就會改善。你的呼吸是你最強大的工具，所以請善用呼吸回到身體，穩下來、把心力集中在自己身上。

壓抑陰影的危險

我很快就察覺到，客戶體內貯存的創傷與自體免疫失調、纖維肌痛[5]和其他生理疾病或不適之間，有著明顯的關聯。當我們為了避開不適而壓抑陰影的各種面向，不適就會轉換成其他形式存留下來。儘管逃避是一時的權宜之計，但躲開我們該覺得不快或不適的情緒，終究是要付出代價的。壓抑不只對生理有負面影響，還可能導致遠比之前更劇烈的情緒症狀，以焦慮、憂鬱和不滿之姿表現出來。

根據美國疾病管制預防中心的心臟疾病相關報告，美國每三十六秒就有一個人死於心血管疾病，成為「美國男性、女性，及多數種族及族裔群體的最大死因」。已有數百項研究結果判定壓力、焦慮和多種精神疾患與心臟病發作和其他心臟疾病關係密切。訊息相當明確：要活出最健康的自己，我們必須學習處理和應對技巧來度過人生的起起伏伏。陰影習作不僅能幫助你處理昔日的遺毒，也能促進成長的心態和覺察當下的健康意識。這讓你足以因應未來接踵而至的挑戰、防止它們貯存在潛意識中，最終帶來更深層的健康。

記錄旅程

我在EFT證照訓練學到一件事：每次研習，都要請個案在前後用一到十的等級評估他們的感覺。這麼做的理由是：心智往往會在我們進入更好的空間後忘記一開始的感覺，因此可能難以衡量實質進展。執業者發

5.纖維肌痛（fibromyalgia）是確切原因不明的疼痛症，臨床上主要的症狀為慢性廣泛疼痛與壓痛，且常合併肌肉痛以外的器官症狀。依一九九〇年美國風濕病學會的定義，疼痛範圍需同時涵蓋身體兩側與腰部上下區域且持續三個月以上。慢性廣泛疼痛若合併身體十八個特定部位中超過十一處的壓痛點，就可診斷為纖維肌痛。（資訊來源：台大醫院官網。）

現，如果他們不執行這種評估，個案的反應通常是沒什麼改善，因為他們已經忘了一路走來的情緒參照標準。一旦評估成為EFT的例行事項，成果就會有長足的進步，因為個案有基準比較他們在治療前後的感覺了。

同樣地，透過寫日誌或筆記來記錄你的旅程，能提供你相同的比較基準。偶爾花點時間回顧你的紀錄，這往往能在事後帶給你更多啟發。這樣的練習也能幫助你更準確地辨識出自己的勝利，維繫你繼續前進的動力。你也可以選擇寫下你的目標、表現或意念，並且在直覺召喚時記下陰影習作旅程的起起伏伏。如果你是跟治療師合作，這也大有幫助。

認清陰影的好處

你可能會認為陰影習作多此一舉，但我向你保證，這絕對值得你付出時間心力。我在工作時一再重申這一點：我們只是要拜訪我們的陰影，不是要永遠住在那裡。你深入黑暗的冒險，會讓你在光明裡度過的時光更充實。當你創造出正向的新習慣，就是完成整合了，這樣的領悟會讓這項工作感覺起來沒那麼可怕，也有報酬得多。那會成為第二天性，往後你就不必付出那麼多心力了。關係會改善、對自己的愛會更濃、提升後的自信更會為你打開門，迎向更大的機會和成功。透過這樣的個人發展練習，成長將一點一滴累積，終將形成巨大的轉變，改善人生每一個領域。

幸福和療癒優先

我知道我們的行程都很滿，也同時肩負好幾個責任，但第一要務必須是我們的健康和幸福。先滿足我們的需求，才可能挾帶最豐沛的內在資源來承擔那些責任。當我們持續花時間關注自己的身心，從容、優雅地面對棘手的議題，就會把最好的自己帶到人生各個層面。另外，在忙碌為世人所稱頌，甚至被視為成功象徵的現代社會，我們優先照應自己的需求，於日常實踐已遭汙名化的自我呵護和全人健康實務，也能為他人樹立典範。

脫離毀滅性模式

陰影習作是把光明帶進黑暗，或者換句話說，就是把意識帶到潛意識中。這段時間裡，你會自然察覺到生命中的有毒循環和毀滅性模式。覺察是第一步，一旦這個步驟就定位，你就可以制定可行的計畫來釋放有害的習慣，並刻意採用比較健康的習慣取而代之。只要我們清除有毒的行為模式，就會騰出空間來，不再讓潛意識掌控一切。藉此，我們就能擺脫那些把我們和有害習慣及惡性循環綁在一起的隱形鎖鏈了。

治癒舊傷口，釋放不適合你的創傷

凡是人都多少經歷過創傷，這就是人生。承認創傷、釋放創傷，則是個人發展的必經過程。我們選擇用愛、用同情、用接納、用寬恕處理過往的傷口，就是允許自己去過更滿足、更愉快的人生。你絕不會白白受苦，過去痛苦的經驗有著更高的目的，也就是讓你有機會透過療癒重新發掘靈魂的真正表現。從這種心態來看，痛苦反倒成了一種強大的工具，提供彌足珍貴的課題，帶領你進入更深層的自我覺察。

改善人生的每一部分

規劃一個包含個人發展在內的日常慣例，持之以恆，會帶給你數不盡的改善機會。學習如何「回應」，而非「反應」，能讓你坐上掌控經驗的駕駛座。不再感覺人生就是在你身上發生各種事件，你也會開始明白，意念和責任的共舞，與你的滿足感密不可分。隨著你放下評斷、拓展更健康的視野，你的人際關係也會改善。你為改善人生投入的心力，將促使你更健康地愛自己，自在地劃定和維持適當的界線。人生將沉浸在富足與意義之中，讓你願意敞開心胸，採用更深刻、更充實、更堅定的方式來體驗這個世界。

克服有缺陷的自己，感受有權力與能力做真正的自己

沒有什麼比真誠面對世界更富有自主權了，做真正的你，理直氣壯、坦然自在，不必在意別人怎麼想。徹底自我接納就是愛你的全部、在你腳步踉蹌時溫柔對待自己、明白只要是人就有缺陷，你的缺陷不會讓你變得不值得被接納。在你發自內心肯定自己、脫離被喜歡的需要、不再擔心別人的意見和評斷之後，就會誕生完全的自由。當你裡裡外外、徹徹底底認識自己，就再也沒有人可以讓你相信不一樣的事，而這就是力量之所在，你將變得不可撼動。

重點整理

如你在這一章所學到的，你的陰影會透過一輩子許多的不同經驗逐漸擴大。不過，只要了解這個部分的你是如何以大大小小的方式影響你一生，也有數不

完的好處。讓我們複習一下前面介紹過的：

- 別管網路流傳的錯誤資訊，「陰影自我」其實沒什麼神秘的地方。你的陰影自我就只是你舊日的創傷、限制性信念、最深的恐懼、制約思維和羞恥經驗的結合，藏身在潛意識之中。
- 陰影自我會受到好幾個關鍵因素衝擊，或從中發展，包括你的童年經驗和家庭動力、過往的創傷經歷，以及讓你感覺羞恥的行為。你如何處理這些人生經驗所蘊含的資訊，會影響你的內在和限制性信念。
- 逃避或壓抑陰影會對健康造成負面效應，包括生理的身體、情緒的身體和心理的身體，因為這些全都互相連結，且和潛意識綁在一起。
- 陰影習作將幫助你用安全、關愛和同情的方式深化你對自己的理解，那能帶你走向療癒，讓你人生的各個領域都獲得提升與成長。

在這一章，我們將繼續探索陰影，以及陰影習作如何能幫助你用更平衡、更穩固的方式迎向挑戰。我們將深究無止盡的自我探索，深究完成陰影習作之後，可以在哪些方面讓你的人生有所裨益。我們也會提到如何和你的陰影培養健康的關係，你將學到怎麼改變心態，讓它開始全力支持你的旅程，為你的人生帶來自在的能量。

在這裡，我們將更詳盡地解釋目的、發展和陰影的重要性，為你掃除路障，讓你能滿懷慈愛地擁抱自己的陰暗面。我誠摯希望，在了解陰影、充實能力，以及明白怎麼向前邁進之後，你會覺得自己準備就緒、滿懷信心且富有靈感，來迎接前方的實作和練習。

Chapter

02

了解陰影習作

陰影習作運作的四大支柱

經過多年的寫作、教學和輔導，我研究出治癒所有未癒傷口的「四大支柱」。這四大支柱是所有陰影習作的要素，也是我以創傷輔助和心態教練（即陰影習作輔導師）身分工作的基礎。這四大支柱是自律的神經系統、心態、徹底自愛與接納、寬恕自己和他人。我很榮幸能夠親眼見證，貫徹這些概念可以如何改變生命。

以阿秋為例，她來找我是因為她沒辦法放鬆，時時刻刻都在擔心時間不夠用，因此覺得自己永遠落於人後。同時她也在和低自尊奮戰，她向我表達她覺得自己很失敗，擔心丈夫會棄她而去，心理和情緒都備受煎熬。她報名參加我為期八週的一對一課程，我們在這段期間一一處理四大支柱，納入「內在小孩」[6]工作、修復過去的創傷，並打造全新的心態，同時我也提供給她助她重拾信心的工具。在我們一起努力的那段時間，她開始將自己的需求——無須感到有罪惡感的休息——列為優先，而能及時建立健康的觀點，讓她真的可以實現更多成就，並以嶄新的清晰思路擬定行動計畫。

6. inner child。在一些大眾心理學和分析心理學派，「內在小孩」指個人童真的一面，包括一個人在青春期之前學到的東西。內在小孩通常被視為附屬於意識心靈的半獨立次人格。

透過陰影習作探究你的陰影自我

人類自開始記錄生命以來，就一直對我們心靈看不見、不可知、隱藏起來的層面深感興趣。隨著我們對人腦和心理的了解與日俱增，我們看待內在工作的方式也在演化。劃時代的表觀遺傳學研究在在證明，我們的思想和感覺會透過影響我們DNA的表現方式（例如活化或去活化特定基因），在細胞層級影響我們。陰影習作也會在細胞層級名副其實地改變我們。

當科學終於開始追上心靈老師已經分享數千年的事物時，古老的工具和技術又重新派上用場，像是正念[7]和冥想等做法有助於調控神經系統，進而為其他所有該完成的工作奠定基礎。舞蹈和瑜伽之類的意念運動，也有助於締造身心的連結，而這正是解離（dissociation）這種常見創傷反應的療法。自我照護和寬恕帶我們來到更有滋養和同情的境地，幫助我們過著更愉悅的生活、促進健康關係和社群歸屬感。就陰影習作而言，天底下真的沒什麼新鮮事，幸運的是，我們現在握有以實證為基礎的工具，能夠更確實地執行這項工作了。

陰影習作的過程能促進個人成長

陰影習作好在它不是專屬於某些人的，不論是誰，只要願意懷著好奇與接納深入挖掘和審視內心，都能順利完成。只需要一點點引導，你可以安全地在陰影裡作業，進而有效療癒、成長，讓你自己和你的人生煥然一新。

這一路上難免會有不適和觸動，你甚至可能覺得全心投入陰影習作會激發痛苦的情緒和回憶。你可能不得不去探索你恨不得忘得一乾二淨的經歷，但別擔心，你會得到工具來因應任何可能產生的不適。沒有必要害怕走這段路，你很快就會發現，當你採取步驟來跟陰影合為一體，而非加以壓制，這項習作不只會帶給你報酬，還會帶來新的安適感。本書第二部分建議的實作、練習和日記提示，全都是為了幫助你更不受拘束、更深入地探究你的陰影。

---

7. mindfulness。「正念」指有意識地專注於當下的一刻，留意自己的身心狀況，對覺察到的各種感覺、情緒或念頭抱持開放態度，不加批判地接受，進而減輕壓力和負面情緒，提升心理素質。

誠實、示弱地歡迎你的陰影

剛走上陰影習作這條路時，人們常會遇到一個重大的挫折，那就是無法完全誠實面對自己，因為若是誠實，就會對察覺到的缺陷或錯誤感到羞恥。自尊害怕做這件事，而且會在你著手之際聲聲呼喚你，但只要抱持關愛、自我接納的態度，你絕對可以克服這道阻力。承認自己有害的特質和習慣，可能會讓你感覺赤裸裸、脆弱而暴露，但願意進入這個空間坐下來，是所有陰影習作的基石。請記得，不完美一點關係也沒有，我們都不完美。做好準備，釋放任何冒出來的羞恥吧。

接納、同情地面對黑暗

徹底自我接納聽起來很棒，卻未必容易實現。我們必須克服羞恥，克服我們後來後悔的決定，以及會妨礙我們充分愛自己的制約思維。我們要用愛和同情來做這件事。為我們的行動負起全責固然重要，但我們可以用溫柔、關愛的方式負責。自我評斷不會增長你的個人發展，只會給療癒設置障礙。我們拒絕接受自己的那些部分，只會不斷擴大，並且在投射他人的評斷中暴露出來。

照亮、質疑你的限制性信念

照亮陰影意味覺察之前未覺察的地方，而一旦展開這個過程，你就會和孕育你多數限制性信念的制約思維面對面。你的第一個本能反應可能是毫無疑問地接受這些信念，因為這就是你一直信以為真的事。大腦喜歡固著於它知道的事情，也會永遠選擇阻力最小的路徑。你必須願意客觀地面對那些信念，來判定哪些是在幫助你、哪些是在阻礙你。請記得，你相信一件事，但不代表它就是真的。

辨識、了解你的觸發因子

我喜歡幫合作對象創造稍微——但安全——觸發情緒的內容。我這麼做不是為了激怒誰，而是出於愛，明白觸發因子能帶給我們學習、成長的契機。讓人們繼續思考、繼續探索是我的職責，就算這會讓他們稍微感覺不適。如果我們認同自我，就可能一觸即發，或築起防衛。陰影習作的一大要點是把我們的觸發因子視為老師，因為它們常能引領我們前往心中確實需要解決的源頭。

認清你的人際關係，從中汲取教訓

我們人際關係的品質，以及我們選擇和哪些類型的人建立關係，會透露潛意識的許多狀況。沒辦法呵護自己的人，可能會不知不覺選擇和那種會肯定他根深柢固潛意識信念的人交往。他們可能會吸引來不尊重人、不擅表達情緒，甚至虐待他人身心的伴侶和朋友。他們可能懷疑自己為什麼老是遇到同樣的人、重複同樣的關係，就算他們明知自己正遭受不當對待也是一樣。探究人際關係的動態，將能照亮你的內心世界。

擁抱陰影，永遠愛自己

用同情、用愛來面對陰影自我，是陰影習作的必需要素。完全接納你的陰影，你就能純粹、長久地愛自己。我們和其他人的關係就是我們和自己關係的倒影，當你健康地愛自己、溫柔地接受自己是不完美的生物，你就能健康地給予和接受各種層次的愛了。你不僅更善於接納他人，也能為「別人要怎麼愛你」設定高標準。換句話說，你藉由展現如何愛自己，向他人示範如何愛你；透過用同情欣然接納你的一切，你也向自己示範如何更妥適地去愛他人。

從外在支持尋得安慰

恭喜你買了這本工作手冊，將致力展開你的陰影習作旅程。這兒有豐沛的資源和工具任你使用，但這不代表你無法從尋求外在協助中得到收穫。在你努力處理創傷的時候，找個合格治療師從旁支持你或許也會很有幫助。不過要注意，並非所有治療師都熟知創傷領域，因此如果你覺得需要人協助處理你未癒的創傷，請花點時間尋找完全合格、切合這項需求的專業人士。熟諳創傷（即「創傷知情」（trauma-informed））的專家可以幫助你應付處理困難回憶的不適。

社群支援也可以避免我們在探究自我層面時，陷入陰影的泥淖。人是群居動物，早從人類誕生開始，對社群的需求就是我們集體故事的重要情節。尋求支援，或與你經驗相關的社群團體，可以滿足你期待交流、被看見、感覺被聽見、有空間為你保留的需求。建立連結並非難事。只要上 Google 搜尋一下，就能找到與你有類似遭遇的人。

為迎戰陰影搭建舞台

你為陰影習作搭建的舞台將決定它的成效。若你試著用失調的神經系統正視你的陰影，不但會阻止你前進，甚至還可能造成更多創傷。同樣地，僵固的心態也會產生抗拒，讓你覺得筋疲力竭。這很像逆流游泳——你花了很多力氣，但哪裡也去不了。你會經歷什麼樣的過程，都仰賴你秉持的態度。

在進入本書第二部分之前，讓我們探究一些能幫助你養成正確心態的概念，以便能夠運用即將提供給你的工具，轉化可能因自尊油然而生的抗拒。釐清你的目標和期望，將能幫助你穩定下來，著眼於更廣闊的前景。你能打定主意，就是往做好這項工作、為自己開創成功邁出一大步。

營造平靜、支持的環境

花點時間思考你陰影習作的目標，以及可以怎麼營造能給你最大支持的環境來達成目標。比如你可以選擇提早一個小時起床，趁家裡還安靜的時候自省；

也可以選擇放點撫慰人心的音樂、點根蠟燭、披上你最舒服的睡衣，或點你最喜歡的精油。不妨考慮每次都在同樣的地點做習作，建立安慰自己、和緩心情的簡短儀式。我也建議你把手機或其他會讓你分心的東西留在你拿不到的地方。

集中你的身體、情緒、心理自我

在你為陰影習作打理外在環境的同時，作好內在的準備同樣重要。當我們精神不集中時，大腦會發生有趣的事——掌管邏輯思考、解決問題和計畫的前額葉皮質會去活化，而大腦較原始的部位，也就是戰／逃反應發生的地方，則會活化。我們會起「反應」而非「回應」，適當處理不舒服資訊的能力亦將大幅萎縮。請在每一次陰影習作之前花點時間連結你的呼吸、放鬆身體的肌肉。你或許可以先作個簡短的引導式正念冥想，再開始進行。這是讓你的身心靈作好準備的時間。

釐清你的意念

是什麼促使你買下這本書、投入陰影習作的旅程呢？釐清你的主要動機，能幫助你設定現實的期望，和界定長短期目標。你希望看到什麼樣的進展呢？你可以問自己這一類的問題來弄清楚你做這種習作的用意。容許一些彈性也很重要，請相信：你沒有進度要遵守，也不必在什麼截止期限前完成。你也要放心任你的旅程無拘無束地開展，願意「順其自然」，保持開放和好奇的精神。

敞開心胸、深刻自省

自省的重點在於保持好奇心、敞開心胸探索與你長久信念牴觸的可能性。你必須願意隨著生活轉變、環境變遷和獲得的新資訊時時重新評估。花點時間在展開陰影習作前作好心理準備和設定意念，能幫助你保持平靜、集中，進而支持自省的能量。只要記得用溫柔和關愛迎接所有冒出來的東西，以開放的態度接受赫然出現的課題。你的陰影裡沒有蘊藏任何讓你不討人喜歡的內容，理解這點就能使自省成為愉快的經驗，並帶來真正成長的契機。

處理當下的觸發因子和創傷

觸發因子提供了邀請你深入覺察的機會。觸發因子會帶領我們來到心中需要被治癒的地方，它們就像麵包屑，提醒我們注意有什麼需要處理。對待觸發因子的關鍵在於練習停頓，停頓讓你能夠在進入意識的觸發資訊時，以及你要怎麼基於那個資訊做出舉動之間置入一些空間。當我們起反應時，我們會不假思索地行動，主要是因為受到大腦演化程度較低的部位所驅使。當我們停頓下來，就是邀請「意念」介入，如此便有機會用更有助益的心理狀態來決定怎麼作出最好的回應。換句話說，我們可以自己作選擇。

當你一察覺內心有不適的徵兆在翻攪，請馬上停下來，將注意力集中到呼吸和身體，有自覺地放鬆肌肉、深呼吸、穩下來，這能讓你繼續覺察那些令你不快的情緒，但不至於過分固著或過分視為一體。接下來，想像自己盤旋在你的身體上空，彷彿你置身的位置可以給你更遼闊的視野。開始從這個更高的視野問自己問題，問你自己觀察到什麼感覺。不管你揭露了什麼，都寫在日記上作為參考。

前方的路可以期待什麼

這一段旅程，每一個人會有截然不同的經歷，不過有一點是眾所一致的：

這不會是個直線的過程。請期待曲折、轉彎和意外，但也要興高采烈地迎接一定會頻繁出現的靈光一閃的片刻，而這些片刻將鼓舞你繼續朝未知前進。你的付出，你的辛苦，將帶給你超乎想像的報酬，你的人生將會開始以最令你心滿意足的方式開展，讓一切努力都值回票價。

我不敢斷言在這段旅程中，會有什麼在前方等著你，因為你的路徑，只給你自己一個人走。不過我敢說，我創造了一本完美的指南陪伴你、協助你，你將運用肯定（affirmations）來幫助你處理心態問題、拆解抱持已久的限制性信念。我也會在這本工作手冊裡分享可以做的練習，並教給你一些我曾在一對一課程中見過個案成功執行的實作和技巧。最後，日記提示將引導你運用自動書寫走過自我發現的深處。

能擔任你的嚮導，帶你完成這項重要的任務，我非常興奮，也深感榮幸。雖然沿途難免有些不適，但我相信透過你用承諾強化的愛、同情和自我接納，將是你最好的盟友。你一定可以做到！

重點整理

你已經往全新的冒險出發了，真替你高興。我們已經在這一章說明了許多資訊，所以讓我們在繼續前進之前，再次複習一下：

- 陰影習作的四大支柱是自律的神經系統、心態、徹底自愛與接納，以及寬恕自己和他人。實踐這些，你就可以逐步揭開潛意識心靈的神秘面紗。
- 要踏上成長和自我發現之旅，都需要陰影習作。儘管過程可能令人不適甚至痛苦，但它為人生帶來的好處，絕對值得我們付出時間與心力。
- 為你要在陰影裡進行的作業搭建舞台很重要，請先打造一個舒服、慰藉的空間，並花點時間透過呼吸法和正念實作讓心智放輕鬆，這樣能幫助你保持集中和穩定。
- 如果你覺得心力交瘁，請尋求受過訓練的專家指導，例如治療師。你也可以仰賴社群支持，畢竟要尋找志同道合的夥伴，現在已經不是難事。

現在是把你學到的東西付諸實行的時候了，而我會從旁協助你把陰影習作的工具箱塞到滿出來。第二部分的每一章將著眼於一個明確的陰影習作主題。你會在每一章裡面找到肯定、日記提示、練習和實作來協助你更了解自己。你可以從頭到尾走完這個部分，也可以跳著做，處理你在那個時刻直覺受到吸引的概念。取用這些工具的方式也無所謂對錯。

在開始之前，請先暫停一下，恭喜自己展現了奉獻的精神，願意為這項深刻的習作付出心力。採取行動可能令人畏懼，畢竟舒舒服服待在舊習慣、舊日常裡頭容易得多，就算那些並不適合我們也一樣。但在拿起這本書的剎那，你已經證明了你願意積極在生命裡開創正向的變革，這點值得稱頌。儘管這是一項嚴肅的工作，但只要保持適當的心態，也可以充滿樂趣。請懷抱熱情迎接本書的第二部分，別惶惶不安，如此就能為你花在陰影裡的時間，帶來輕鬆的活力。

Part 2

實行「陰影習作」

脆弱是唯一真實的狀態。示弱意味著不設防，可能受傷，但也可能獲得愉快。坦然面對生命的創傷，就是願意迎向豐饒和美好。別遮掩，也別否認自己的脆弱，因為那是你最大的資產。示弱吧！渾身顫抖又何妨。

——史蒂芬・羅素（Stephen Russell）

脆弱之所以令人不自在，基本上是因為我們懷抱的信念引發了恐懼，而與脆弱意思相同的軟弱則會使我們容易受到傷害。於是我們砌了城牆來隱藏我們柔弱的空間，可如此一來，我們也隱藏了我們內在的美。我們選擇自覺會得到身邊眾人認同的部分，出於對評斷或批判的畏懼來調暗我們的光。當你赤裸裸、真誠地向世界袒露自己，當然不會讓每個人都喜歡你，但你會吸引與你契合的人、情境和經驗。如此一來，你人生每一個層面都會有所提升，你也能夠無所畏懼地展現你的美。

Chapter

03

誠實、示弱地
歡迎陰影

脆弱改善關係

卡洛斯來上第一堂課時，我記得他很焦慮，明顯對一對一創傷修復輔導感到不自在。他來找我是因為他覺得迷惘、脫節、像同儕團體裡的外人，每當參與團體運作就飽受社交焦慮所苦。出現在他生命裡的人不多，除了母親和弟弟，而他和他們的關係也很緊張。卡洛斯還說他很寂寞，聲稱自己朋友已經夠少了，但就連那些朋友也不是很深交，缺乏有意義的連結。

合作數星期後，我們發現根本問題在於他害怕被拒絕，而這源於童年經驗。他的父親在他十幾歲時過世，此後母親幾乎把神似父親的弟弟當成偶像崇拜，卻把他阻絕在外，令他痛苦不堪。

這種根深柢固的憂慮，讓卡洛斯很難以真實的自己和他人相處，並讓他總是感覺尷尬且不自在，就像他在第一堂課表現出來的那樣。我們一起透過愛自己和接納的實作重新建立他的自信，卡洛斯也開始一磚一瓦拆掉他藏身好多年的圍牆。最後，他終於能夠劃定穩固、健康的界線，建立長久而饒富意義的人際關係。

我把拒絕視為修正方向的機會，
因為我知道凡是對我有意義的，
一定會找到我。

正視讓你不舒服的事實

難以誠實、示弱地面對他人，通常反映了內心糾結掙扎的現象。因為外在世界永遠是內心世界的倒影，我們必須自我探索、釐清一切，而這個過程可能讓你非常不舒服。這時你可能需要仰賴我在第一部分討論過的徹底自我接納。請記得，沒有人完美無瑕，因此不必對你的陰影感到羞恥。辨識出陰影，將能幫助你釐清自己的核心整合信念，並且便於你有自覺地改變行為。請利用下表引導你走完這個過程。

我常避免探究內心哪件事情，因為面對那件事的感覺很不舒服？	當別人擁有我想擁有的東西時，我會覺得受到威脅或嫉妒。		
當我刻意去想這件事情的時候，還有哪些感覺會冒出來？	困窘、羞恥、不安。		
這樣的逃避如何反映在我的外在世界？	對於感覺威脅到我的人，我常會評判他或說他閒話。		

開創正向的轉變

現在你已經找出一些令你不舒服的事實，下一步就是創造正向的轉變。請用下面的空間寫下一句簡短的宣言，概略描述你將在這個世界採取哪些更符合你核心信念的行動。引用前例，我可能會寫：「一發現嫉妒感湧入，我會練習為那個人感到高興，一邊提醒自己，只要我努力，並擬訂通往目標的計畫，我也可以擁有那些事物。」

請每天早上讀你書寫的內容，並時時刻刻記著，陪你度過這一天。當你在每天一開始讀這句宣言，你的承諾會在心裡永保新鮮，不用多久，你就可以建立一個嶄新而正向的心理習慣了。

確認源頭

回溯你無法苟同的行為，一路追到源頭，這將能幫助你治癒舊傷口。對於你新發現的不愉快事實，你覺得它的起因是什麼？是什麼讓它一直令人難以直視呢？辨識出它的根源可以如何幫助你更溫柔、更有愛地對待自己呢？

處理拒絕

因為拒絕是人人都得面對的事，我們需要知道如何用健康的方式處理。很多人害怕被拒絕，但拒絕也可以視為是修正方向的機會，邀請我們轉向與我們更契合的經驗，即便當下我們很少會有這種感覺。底下的填空習題能幫助你認清，過去你是怎麼處理被拒絕的不適感，讓你了解或許哪裡還需要調整心態。進行這些練習時，別想太多，只要寫下第一個浮現腦海的答案，不要多加揣測。請記得，答案無所謂對錯。

當我遭到拒絕時，我的第一個反應通常是＿＿＿＿＿＿＿＿＿＿＿。

那常使我覺得自己＿＿＿＿＿＿＿＿＿＿＿＿＿＿＿＿＿＿＿＿。

對於拒絕，我最害怕的是＿＿＿＿＿＿＿＿＿＿＿＿＿＿＿＿，

而這樣的恐懼源自於＿＿＿＿＿＿＿＿＿＿＿＿＿＿＿＿＿＿＿。

採用健康的心態面對拒絕

只要你對自己有健全的愛，就不會再覺得拒絕是衝著你來了。在自我接納的空間裡，那會形成一個重新評估和改變的機會。只要欣然接受「你只想要也想要你的」的觀念，這一點就比較容易理解了。請經常回來做下面這個簡短的正念實作，並採用健康的心態面對拒絕。

1. 找個安靜舒服、不受干擾的地方坐下來，定時十分鐘。
2. 閉上眼睛，把注意力集中在呼吸上，深吸每一口氣，吐氣時放鬆肌肉。
3. 想像自己坐在發著白光的泡泡裡，用意念將你的憂慮和責任暫時擱在泡泡外面。
4. 開始重複這句真言：「我只想要也想要我的。」大聲或默唸都可以，直到時間終了。

你可以隨身帶著這句真言，每當你覺得被拒絕，就拿出來反覆誦唸，幫助你繼續前進。

請回想某次你經歷痛苦拒絕的時候，當時你作何反應？事後來看，那次拒絕又是如何幫助你走上一條更好的路？你會怎麼感謝你經歷過的這些拒絕呢？

用愛、同情和接納來評估過往的錯誤

人非聖賢，孰能無過？只要能夠坦承我們跌倒了、犯錯了，並為我們的行為承擔責任，就能給予我們轉圜的空間，讓我們不會繼續一再重蹈覆轍。請用下面幾行的空間，簡單描述你心目中犯過最嚴重的三個錯。完成後，把它們大聲唸出來，每唸完一個，都加上這句話：「我犯了一個錯，但我自己不是個錯誤。我選擇徹徹底底地愛自己、尊敬和接納自己。」完成後，花點時間記下在你選擇用愛、同情和接納評估過往的錯誤後，你有什麼樣的感覺。

1.

2.

3.

從過去學習

接下來，我們要進一步評估你心目中的前三大過錯。仔細回想你從每一次經驗中學到什麼，以及那次經驗如何幫助你成長。你可以連續幾天，甚至連續數個星期做這件事。

修正與負責

我們可能置身最脆弱的處境之一，是向他人承認我們錯了，並為我們的過錯承擔責任。受恐懼驅使的自尊會抗拒這種舉動，但你愈是要求自己為行為負責，就愈容易做到這件事。這個實作需要你回想最近和別人針鋒相對的情境。一個巴掌拍不響，因此在我們發現自己身處這種情境時，我們多半要負某些程度的責任。找出你在哪裡出錯，寫一封信給對方，為你該負責的部分負責。把信拿給對方看，或用言語傳達都可以。如果基於某種理由，你沒辦法做這件事，就請把信大聲唸出來，一邊想像自己正直接和對方說話。

請開始腦力激盪，把信寫在這裡：

擁抱你的獨一無二

根據《牛津英語詞源辭典》，日耳曼語「weird」（怪異）的原意是「擁有掌控命運的力量」。我們人類從小就養成一種共有的恐懼：怕被視為與眾不同，因此常把自己的獨特隱藏起來，不讓世界看到，只讓我們核心團體裡的極少數人目睹。然而，當我們一片赤誠、理直氣壯地向世界展現自己時，機會之門便會倏然開啟。我們會吸引真正想和我們建立關係的人，也可以無拘無束地做不可思議的自己，而非任憑評斷的恐懼讓我們變得渺小。基本上，只要願意保持真誠，我們就可以掌控自己的命運。在下面的空白核對單中填入你覺得你獨一無二，但因為怕被視為異類而藏起來不願見人的事。比如你私底下是不是很愛唱歌，或是獨自一人時常自言自語？儘管統統填上去，不要擔心，之後你若是想到什麼可以再回來補寫。

- [ ]

對我來說，做真實的自己是安全的。

勇敢表現真實

你已經列出那些讓你獨樹一格，卻一直被你隱藏起來的特點，現在是實踐真誠的時候了。一次從你的清單裡挑選一項，努力接受真實的你，並容許這樣的你以某種方式讓別人看見。你可以選擇和人分享私事，或採取其他行動，例如如果你寫你私底下很愛唱歌，你可以決定去唱卡拉ＯＫ。一完成行動，就在項目前面的方塊裡打勾。自我挑戰就是持續增加項目，並一一實踐。你實踐得愈多，就愈有自信，你對於自己的脆弱也會感覺愈自在。

我們也必須給予他人做自己的空間，不妄加評斷，就像我們給自己空間一樣。你會評斷他人有哪些「怪異」的特質，而你可以怎麼努力讓自己更有愛、更接納那些特質呢？

重點整理

有許多方式可以讓我們練習示弱，無論是承認自己的錯誤，或是拆掉我們自己建造的障礙物，允許自己赤裸裸地呈現，都是勇氣十足的行動。

- 評估不符合你整合信念系統的行為，可能使你心煩意亂，但要重回軌道、成為最好的你，這是最快的方式。
- 要改變害怕被拒絕的心態，一個有效的方法是把它視為修正路線的機會：回到和你的價值觀更契合的路線。依靠「凡是對我有意義的，一定會找到我」這句真言，可以幫助你創造這樣的改變。
- 我們都聽過這句諺語：要有開闊的胸襟才能承認自己錯了。學習坦然為自己所犯的錯誤負責，能加快成長的速度。
- 真誠地向世界展現自己，是自我接納的根本行動，那能夠開創機會、改善你的人際關係、滋生更深刻的自愛感覺。

日記

Journal

你把脆弱視為優點還是缺點呢？為什麼？你小的時候，生命裡出現過的大人對於你示弱的舉動會作出什麼樣的反應呢？他們的觀念如何影響長大成人後的你？

哪些人是你夠信任而能向他示弱的？為什麼？你沒辦法向哪些人自在表達那一面的你？為什麼？

你小時候會對你強烈的情緒作何回應，又如何表現？你生命中出現過的成年人在你表現這些情緒時作何反應？你小時候表達和處理劇烈情緒的方式，和現在的做法有哪些相似的地方？

你小時候是否覺得別人有聽你講話？當你表達你的主意、想法、感覺和憂慮時，大人對你有什麼樣的回應？你希望他們可以怎麼樣回應？你希望得到的回應會帶給你什麼樣的感覺？這對長大成人後的你造成什麼樣的影響？

心理學家榮格相信，陰影的秘密會在夢境中揭露，並以象徵方式表現出來。把這本書攤開在這一頁，夾一枝筆，放在你的床邊，夢醒後馬上記下你的夢境，在這裡寫下種種細節，包括夢裡有誰、你在做什麼、為什麼做那件事，以及你觀察到的任何物體或象徵。

你覺得你的夢有什麼意義，你覺得它最重要的部分是什麼？它怎麼反映你的現實生活？

幾乎每個人都會反覆作同樣的夢，有時還不止一個。把一個你反覆出現的夢境寫下來，而在你書寫的時候，想想你覺得這個夢可能隱藏了什麼樣的意義。相信你的直覺，在這個探索過程中，不要多加揣測。

自我發掘會帶來永無止境的揭露，而你過往經驗的美好就在其中。你在陰影習作展現的脆弱會把你敲開來，允許你拓展自己。你希望在你誠實、示弱地歡迎陰影自我後，會有什麼樣的蛻變呢？

這本書從頭到尾的一大重要主題，就是學習如何用愛、同情和接納的心態見證你的陰暗面。這需要你探索許多層面的制約思維，來找出掩藏、過時的潛意識問題。經過這樣的評估，你將能自然而然、徹徹底底地自我接納。

根深柢固的羞恥，以及其他圍繞著過往痛苦經驗的潛意識，往往需要先加以化解，你才能真正相信自己值得被愛，包括得到自己和他人給予的愛。只要能夠和你的陰影並足而立、徹底接納自己和你的過往經驗，力量就會油然而生，你各個層面的陰影就會帶給你不可思議的成長契機。了解這點，就能釋放你可能產生的抗拒，讓你可以由衷欣賞構成完整的你的光明面與黑暗面。

在這一章，你將運用這個二元的概念，用深情的接納把光明帶到你心裡的陰暗處，減輕你在探索和融合自己的所有部分時，所感受到的種種不適。

Chapter

04

接納、同情地面對黑暗

徹底自我接納如何協助我們療癒生命

羞恥和無法原諒自己，可能使你感覺深陷自毀行為的迴圈，很難實現健康的生活方式。這通常是因為潛意識的障礙會在我們形成自我厭惡內心陳述的過程中出現，不斷加深一文不值的感覺。

且以伊莉莎白為例。她是兒時遭遇性虐待而創傷未解的受害者，長大後仍深信自己天生有哪裡出了差錯。她用毒品和酒精麻醉情緒的痛楚、壓抑侵擾性的思想，過著混亂不堪、衝突不斷的底層生活。

最後，不知該拿她經歷過的不幸怎麼辦，她認真探索童年受虐的經驗，開始釐清她未癒的傷是怎麼致使她傷害自己和生命中愛她的人。同時，她也誠實、極度痛苦地檢視，她曾經怎麼試著透過濫用藥物來麻痺痛苦，而對其他人造成傷害。

在和伊莉莎白進行多次口語處理和自我接納工作之後，我制訂一項行動計畫，納入認知行為療法（ＣＢＴ）來協助她發展較健康的思考模式。最後，她終於原諒了自己，也終於走出行為成癮，進入積極的治療。

感謝的力量

沒有適當的視野，你就有過分認同你的陰影而陷入受害者原型的危險。仰賴感謝有助於支持健康、正向的心態，引導你順利完成這項工作。養成感恩的習慣會讓你更容易處理不適或創傷的經驗，絲毫不給負面情緒在潛意識裡潰爛作亂的機會。我不是建議你迴避負面情緒，並且恰恰相反，你是有可能同時尊敬你的經驗，又努力克服它的。

大約一年前，我和未婚夫意外分手，這令我痛苦萬分。如今，事過境遷，我反而對事情的發展滿懷感激。我為哀悼營造了大量的空間，奮力與每一個湧現的強烈情緒交戰，包括傷心、悲痛、憤怒，我每天一早醒來也會努力對生命中許多進展順利的事情表達感激。這個日常習慣將我錨定在更高的視野，因而能夠為自己作出健康的選擇來走出創傷。

在這個練習，我希望你回想過去一次痛苦的經歷，想想看，那次經歷是如何以某種方式造福了你。請把你想到的事情寫在下面的空間。

雖然那真的很痛苦，我仍感謝

因為那幫助我了解

具體展現感謝的能量

我會要求所有個案將「日常感謝實作」納入他們的例行公事，你也應該這樣做。每天早晚各進行一次感恩實作，你會發現你一整天都很容易萌生感激之意。這是極具變革性的練習，能創造真正的奇蹟。

你會想要一本專用的筆記本或日誌來記錄你的感謝。每天早上，在你察看手機或開啟一天作息之前，快速寫下五件你感謝的事。細述你感謝每一件事的原因，以及那如何造福你的人生。完成後，把你寫下的文字大聲唸出來，刻意讓自己盡可能滿懷感激。

晚上，就寢前，回答下面這些問題，把答案寫在日記裡：

1. 今天我發生了哪三件好事？
2. 今天「豐盛」以何種姿態呈現在我面前？
3. 今天發生的哪一件事讓我由衷感謝？

多虧我們的祖先英勇地為我們今天擁有的一切鋪路、讓人生變得容易，今天世界多數人口才能住在如此優渥的社會。像水電工程、糧食供給這樣的事情常被人忽略，因為這些正是我們預期永遠不虞匱乏之事。在下面的空間裡，寫下生命裡你先前視為理所當然的事物，以及你為什麼感謝它。

把愛自己視為一種生活方式，接受它

你已經花了一些時間反省你跟自己的關係，現在是探索自我照護可能呈現何種面貌，以及你最喜歡哪些活動的時候了。愛自己的範疇遠比自我照護來得廣，但我們照顧自己的時候，就是透過行動來確認那樣的愛。令你不舒服的情緒可能隨時湧現，而融合陰影習作和自我照護就是安慰自己度過那些情緒的絕佳方式。

請用這張核對表尋找靈感，試試關愛自己的新方法，並建立持之以恆的自愛習慣：

- □ 睡個午覺
- □ 身體動一動（例如散步、瑜伽、舞蹈）
- □ 看書
- □ 多喝水

- □ 找個新嗜好、持續投入時間
- □ 多睡一點或建立健康的睡眠儀式
- □ 給你「自己的時間」劃定界線
- □ 休息一整天，什麼也不做
- □ 對你不想做的事情說「不」、別讓罪惡感爬進來
- □ 演練呼吸法
- □ 冥想
- □ 寵愛自己
- □ 做點日光浴
- □ 和你愛的人共度珍貴時光
- □ 持續做些能帶給你快樂的事

探索自我照護

自我照護對你來說意味著什麼，而你可以辨識出，你在這方面有哪些限制性信念呢？例如，你是否會因為把時間花在自己身上而深感內疚，或覺得休息的時間永遠不夠？你把自我照護列在第幾順位，你有多常放縱自己呢？

實踐自我照護

不論我們從事任何工作，一大重點就是採取可行的第一步，將我們學到的東西付諸實行。接下來這個星期，請每天至少做一項照顧自己的行動，浸淫在自我呵護之中。請利用下面的空間規劃你的自我照護七日遊，在完成七天所有事項後，請評估這般實踐自我照護如何影響你對自己，以及周遭世界的感覺，並在底下提供的空間寫下來。如果你覺得結果是正面的，我鼓勵你繼續演練下去。

第一天：

第二天：

第三天：

第四天：

第五天：

第六天：

第七天：

我值得我花時間照護自己。

處理陰影習作引發的劇烈情緒

陰影習作過程中常產生的強烈情緒包括內疚、悲傷、憤怒、羞恥等等。一般來說，我們寧可不要有這些不舒服的感覺，但長久而言，逃避難熬的情緒可能會造成更多的折磨，因此在這些情緒出現時設法加以處理，是有幫助的。

我們不可能直接跨過去，掃到看不見的地方或轉移注意力，也不會真正讓它們消失。我們必須處理我們的感覺，學習了解它們，這樣才能真正解開它們對我們的桎梏。

下一次當你感受到難熬的情緒，請按照下面這些步驟走，這樣可以幫助你處理那種感覺。

1. 承認有情緒出現了。別抗拒，充分感受它。
2. 避免評斷自己或那種情緒。
3. 燃起好奇，問自己為什麼會出現那種情緒，那會試著讓你看到關於你自己或當下經驗的那些事情。

4. 回想你已經領會到的，關於這種劇烈感覺的根本原因。你可以在日記裡寫下你的想法，或找你信任的知己聊聊。

處理強烈情緒的陰影習作步驟

步驟1：進行不帶評斷的觀察。你感受到你的情緒，但你不是你的情緒，正如說「我生氣」和「我感到生氣」之間有莫大的差異。從第一句話來看，你和你的情緒合為一體；從第二句話來看，你觀察到這種情緒，並且承認它存在。這個步驟最重要的部分是不要帶著任何評斷，不過感受情緒是可以的，就算是強烈的情緒也沒問題。

步驟2：找出根源。像是憂鬱、焦慮、內疚、羞恥、憤怒等感覺，往往是某個「原傷」的顯現，就像發燒是更嚴重潛在病因的症狀。如果你可以在觀察時不帶評斷且保持好奇，就可以開始追溯感覺的源頭。聚焦於觸發情緒的事件，或你第一次是在什麼時候察覺到它，都可以照亮它的根源。

步驟3：治療「原傷」。一找出產生這種感覺的原因，就可以開啟治療原始創傷的過程。你有很多方法可以做這項內在工作，一切視你的議題而定。你將在這本工作手冊中找到許多實作和練習，可以仔細挑選來因應你獨特的需求。

請記得，如果你覺得創傷大得不勝負荷，是可以尋求幫助的，而如果你處理的傷勢比較嚴重，或許有必要求助於專業人士。

步驟4：稍事歇息，享受你辛苦工作的成果。最後一步是享受你努力工作的報酬，慶祝你的療癒。別卡在陰影裡過不去。陰影習作並非一夕可成，而是一個一輩子的過程，重點在幫助我們以小而穩健的步伐提升自己。

循序漸進，最能讓陰影習作發揮強大的衝擊。你可能很容易感覺療癒工作沒完沒了，而某種程度上，的確永遠有新的療癒要進行。但陰影要用光來平衡，先喘口氣，讓你學到的東西能適當地融入。你的自然狀態是愉快、愛與平靜，既然都那麼努力充實這種能量了，請給自己足夠的機會好好享受它吧。

探究你對強烈情緒的反應

你對強烈情緒的反應，哪一個敘述最貼切呢？把它圈出來。

遇到痛苦時，我傾向……	覺得困窘時，我傾向……	生氣的時候，我傾向……
懷疑：「為什麼是我？」	耿耿於懷	謾罵
看有什麼可以學習的地方。	逃避	逃離
把自己關起來	躲藏	把自己關起來

起身行動	投射	大肆抨擊
尖叫	否認	馬上反應
說出來	負起責任	停下來，選擇我想要作何回應
往心裡去	自嘲	失控
哭	自我憎惡	穩住

對感受的反應

當不舒服的感覺湧現，你通常會怎麼反應呢？你可能選擇更健康的方式來正視你強烈的情緒嗎？

徹底感受我的情緒是非常安全的。我歡迎它們，滿懷好奇，不加評斷。

跟自己培養健康的關係

很多人都是自己最惡劣的批評家，前往可以善待自己、關愛自己的境地，愛自己亂七八糟的一切，是需要學習的技能。請利用這個空間來衡量你可能需要從哪裡著眼，來改善你和自己的關係。

列出你愛自己的三件事：

1. ____________________

2. ____________________

3. ____________________

當我想出愛自己的三件事，我覺得思考這個題目：

- □ 簡單
- □ 困難，但最後還是想出來了
- □ 有點挑戰性
- □ 我到現在還想不出來

你最近覺得自己怎麼樣？（1到10分，1分表示非常不好，10分表示好得不得了）

1	2	3	4	5	6	7	8	9	10

你會給自己哪三句嚴厲的評斷？

1.

2.

3.

你會怎麼用三個詞語形容自己？

1.

2.

3.

放棄舊觀念

回頭看你在前一個練習中列出的三句嚴厲評斷，你需要做些什麼才能釋放這些評斷？例如，你是否需要原諒自己做了哪件事？或許你會發現，你對自己太苛刻了。假如你能完全放開這些想法，你會改變對自己的看法嗎？

透過認知行為方法釋放評斷

我們對自己產生的許多負面信念，都是過時的潛意識陳述持續累積的結果，並源於過往的痛苦經驗。運用認知行為療法，你可以更新大腦線路，採用更健康的新思考模式。

你已經明白，大腦永遠會選擇阻力最小的途徑，所以如果你長期一直以某種方式思考，它就會選擇繼續那樣想。經由不斷重複，老舊的思維會成為心智習慣，但認知行為療法讓你可以刻意重新塑造大腦的思考方式，創造新的神經路徑。短短二十一天內，就可以建立新的自動思維模式。這種方法基本上是選擇你希望你的大腦如何運作，再以反覆的正向思考為基礎，在生物腦裡建立那些路徑。在我看來，這跟魔法有點像呢。

步驟1：找出是哪一種嚴厲的想法造成你對自己的評斷。

步驟2：創造一個深情的想法來取代那個沒有愛的想法。這該是一句簡短的真言，便於你背下來以及反覆述說。

每當你察覺你在評斷或嚴厲批判自己時，就唸出你的真言。一開始，你可能會發現你的真言一直派上用場，但不用多久，你對它的依賴會愈來愈少，因為在你不知不覺中，你的思想已經自然而然被你真言裡的積極正向吸引過去了。

重點整理

你和自己的關係會為你生命裡的其他每一段關係定調，這就是為什麼它是如此重要的議題。我們愈愛自己、愈接納自己，就愈能夠愛別人，和接受別人的愛。

- 常懷感激有助於建立健康、正向的心態，帶領你度過陰影習作的不適。

- 陰影習作的過程可能會產生不舒服的情緒，而納入自我照護是撫慰你度過這些情緒的絕佳方法。
- 長期而言，逃避悲傷、憤怒、怨恨、內疚等強烈情緒，可能會造成更嚴重的苦難，這就是陰影習作至關重要的原因——要以健康的方式處理這些情緒，陰影習作不可或缺。
- 溫柔、關愛地對待自己，是需要學習的技能，我們必須奉獻心力培養這種技能，才能和自己建立健康的關係。
- 我們對自己抱持的許多負面信念，都是過時的潛意識陳述持續累積的結果，而那些陳述是在經歷痛苦經驗之後陸續形成的。我們可以運用認知行為療法之類的工具取代它們，創造更健康的思維模式。

日記

Journal

放下羞恥可能是極為艱難的挑戰，因為羞恥常偽裝成自我貶抑的想法。但緊抓住羞恥，就不會有成長的空間，換句話說，羞恥會限制我們，不會幫助我們拓展開來。因為羞恥會連結其他不舒服的情緒，例如內疚和屈辱，自尊也會避免回想和羞恥有關的狀況。請用下面的空間寫一段你過往的羞恥經驗，並寫出你針對它連結出哪些敘述。

你可以選擇如何釋放羞恥的感覺？你需要原諒自己嗎？你需要停止為你沒有犯的錯扛責任嗎？你要怎麼更溫柔、更富同情地對待自己呢？你為什麼覺得自己需要緊抓住羞恥的感覺？

假如你允許自己完全釋放圍繞過往經驗形成的羞恥，會有什麼感覺呢？你的想法會怎麼改變呢？過去的羞恥把現在的你和過去的你緊緊拴在一起，請允許自己把它拋在身後。

陰影融合不是消滅你的陰影，事實上陰影是位神聖的老師。你給予自己生命所有層面愈多愛、愈多接納，就愈能領略陰影給你的教誨，將學到的課題應用於人生。請用這一頁來反省：關於你自己，你還有哪些事情難以接受，以及為此萌生什麼樣的感覺。

如果有人擁有你在前一頁寫下的特質或性格，他們會是你眼中不可愛的人嗎？為什麼會，或為什麼不會？如果不會，你為什麼認為你可以接受別人如此，卻難以接受自己這樣呢？你可以怎麼更深情地看待自己的不完美？

你經歷過的一切都具有更崇高的目的——為你提供可以提升生命的課題，作你的後盾。理解這個根本事實，就能幫助你安然走過陰影，加快成長和療癒的速度。你認為你的陰影可以教給你哪些課題？這些課題可以如何促進成長和療癒？

不要盡信你所認為的一切，信念不過是個一再反覆的想法，頻繁到我們依附它、認同它。這些信念有時是制約思維所致，也可能是過往痛苦經驗發展而成。

我們很少會覺察在潛意識深處不斷述說的陳述，但儘管如此，這些想法仍大大衝擊我們的人生，創造出我們賴以觀看所有外在經驗的稜鏡，也影響我們對自己、他人和周遭世界的感覺。如果你潛意識裡的流動是自我貶抑、悲觀或消極的，你或許會發現自己深陷於不健康的模式，無力脫逃。

在這一章，我會幫助你挖出塑造你人生的潛在思維——穿過意識和意念，將你導回正軌。你將在陰影裡進行最重要的工作，包括照亮你的限制性信念，和重寫你的故事，而這就是你將在這一章學會的事情。

Chapter

05

照亮、質疑
你的限制性信念

限制性信念如何塑造我們的經驗

身為心態教練，幫助個案辨識和解決他們的限制性信念，是我的主要工作項目。其中最常見的一道集體障礙，是圍繞著金錢，因此自然有許多個案希望我幫助他們整頓他們的制約思維，轉而運用豐盛的心態。

以崔西為例，她最早來找我是因為當時她正與冒牌者症候群（Imposter syndrome）搏鬥，她覺得那阻止她在事業上功成名就。所謂冒牌者症候群是指我們覺得自己像個假貨，這可能撼搖我們的自信，使我們難以徹底發揮潛力，因而無法成長。

幾次課程後，我發現崔西的心態議題其實更深層得多。她有一種根深柢固的限制性信念，認為想要錢是自私的、貪婪的、萬惡的，很顯然，這種心態無法支持想打造一番事業的人。我們運用我創造的技巧（我會在這本書裡同你分享），一起辨識出這個限制性信念，而一找出她患上冒牌者症候群的根源，我們便著手改變她對於金錢的心態，而她自然變得更有自信，也對事業更有把握了。她的新觀念讓她終於轉危為安，在跨足許多領域的事業後都開花結果。

照亮你的潛意識思維

心態工作的第一步是擔綱這個角色：不帶評斷觀察你現有心態的專家。畢竟，倘若你對當前狀態沒有清晰的認識，要怎麼知道從哪裡著手呢？因為我們的思想絕大多數是在意識之外發生，要確切釐清到底發生了什麼事，可能是非常艱鉅的挑戰。所幸，我們與生俱有的內建工具能幫助我們處理這件事。

你的情緒是可以望進潛意識的窗，只要觀察情緒變化、停下來加以探究，就可以把光帶進潛意識的陰暗地帶。至少花一個星期觀察，並且把結果記錄下來，這麼做將幫助你迅速辨識出共有的主題或模式。繼續不帶評斷、充滿好奇地進行這個練習，你可以針對三個核心問題來探究你的情緒狀態。

請用下面的工作表來引導你前進。你可能想在日記裡繼續這項工作，因為一天可能有好幾條可以寫，但不必急於在此時此刻改變或調整心態，現在只要觀察就好。

你觀察到什麼樣的情緒變化呢？				
這是不是任何外在因素造成的，是哪些因素？				
情緒轉變時，你都在想些什麼？				

重寫你的故事

請務必先至少花一個星期注意和記錄你的情緒轉變，再進行第二步。第一步完成後，你應該更清楚自己需要在哪裡集中注意力了；接下來的這一步則是重寫你的故事，創造更適合你、支持你的新陳述。一次處理一個陳述，保留一些空間，讓你的新故事能夠充分融入。這個持續不輟的過程可能要花上好幾個星期甚至好幾個月才能完成。

你發現了哪些限制性信念或不健康的陳述呢？

例：崔西的限制性信念是「錢是萬惡根源」，還有對她來說，經由工作得來更多的錢是錯誤的。

現在，換你重寫你的故事了。請經常溫習你寫的內容，將你的新陳述融入潛意識之中。

例：我和崔西一起創造的新故事說她的工作理應獲得支援，這樣她才有辦法幫助更多人，而且她需要先滿足她的需求，才能以健康的方式說服客戶。我們也創造了陳述，那陳述讓她知道有錢是好事，因為她會恰當地運用，而這對她、她的家人、客戶和社區都有好處。

我選擇用愛、接納和好奇見證
我的思想，不妄加評斷。

成長心態與定型心態

擁有成長心態的個人通常相信，只要付出時間心力，就能精進他們想要精進的技能。他們傾向視失敗為成長的機會，亦了解恆心和決心對達成目標有多重要。除了這些特質，採取成長心態的人也願意探索、樂於思忖他們碰到的新構想、新概念。

成長心態的相反是定型心態。抱持定型心態的人也懷抱這樣的限制性信念：他們無法走出目前的狀況來取得更理想的結果，而這反過來阻礙了他們的發展過程。

我們多數人都落在這兩種極端之間的灰色地帶，下面的習題能幫助你更明白你的心態有多開放，或有多固定。哪些敘述最切合你目前的想法呢？把它們圈出來。

成長心態	定型心態
我相信犯錯是學習和調整的契機。	犯錯時會覺得氣餒，甚至羞愧。
我喜歡接受挑戰。	我覺得挑戰令我不勝負荷，因而盡可能避開複雜的任務和目標設定。
見證他人的成功讓我深受鼓舞。	看到他人成功，我會覺得受到威脅，甚至嫉妒。
我願意考慮可能與我現有信念相互牴觸的新想法。	正確性對我來說很重要，我不願考慮與我牴觸的觀點。

我歡迎有建設性的批評。	我很容易被有建設性的批評觸怒。
我喜歡處理複雜的案子，也會為自己設定崇高的目標。	我傾向避免沒有把握或所知不多的情境。
我不是沒被擊倒過，但我總是能再站起來，加緊腳步向前走。	如果自覺沒有進展，我會捨棄計畫，或很容易放棄目標。
我很容易激勵自己。	我需要他人認可才能維持動力。
當事情沒有照我的希望發展時，我可以保持彈性，發展有創意的解決方案。	當事情沒有照我的希望發展時，我就想要放棄。

學到的教訓

請用下面這個空間寫下你犯過的一個錯誤。你從那次經驗學到什麼教訓，而那怎麼協助你改變觀念、繼續向前走？

擁抱挑戰

這個實作將幫助你主動找出生命中的挑戰，藉以培養成長的心態。接下來的六星期，請每星期迎接一項新的挑戰，或設定一個新的目標。在每星期一開始作好選擇，寫在下面的空白處。

挑戰

第一週

第二週

第三週

第四週

第五週

第六週

我歡迎挑戰，把挑戰視為成長的機會。

處理自尊

在我們限制性信念的源頭，是自尊憂懼的聲音。請和你的自尊建立穩固的關係，一面學著舒緩它、安慰它，這有助於有條不紊且深情款款地瓦解它。但一開始，你必須弄清楚你在害怕什麼、擔心什麼。請利用下面的空間寫下或畫下你最常憂慮的事（例如怕被拒絕或擔心失敗）。

撫慰自尊的三個步驟

你會想在下列這些情況發生時進行這項練習——覺得情緒被觸發、被拒絕、競爭激烈、自己不配、情感空虛，或任意評斷他人時。

步驟1：用愛承認自尊存在。你被觸發了哪些反應呢？釐清自尊藉由這些反應傳遞給你什麼樣的訊息。

例：我努力了好久，還是沒有得到升遷，我覺得又氣又窘。我也嫉妒升官的同事，覺得他們不比我有資格晉升那個職務。

步驟2：問你的自尊為什麼害怕，藉以處理憂懼的根源。

例：我怕我的工作表現不夠好，擔心再也沒有機會往上爬。

步驟3：要你的自尊放心。

例：我知道這令人失望，但這並非反映我的價值。凡是對我有意義的東西，一定會自己找到我，所以我大可放手，因為未來一定有更好的在等著我。

重新建構限制性陳述

我們對外怎麼表達自己，如實反映了我們內心的對話。例如，常說他們做不到什麼事情的人，可能對於他們完成事情的能力，有著限制性的見解。或者，一個老愛自嘲的人，也可能對於他們的自我價值有某種根深柢固的信念。細究你自我表達時選用的語氣和詞語，這是挖出埋藏已久的限制性信念的出色工具。下面你將見到一張限制性陳述表，請利用旁邊的空間撰寫一句較正向的轉念聲明。

限制性陳述	轉念聲明
例：我無法……	例：只要動手、好的計畫和投入，一切都有可能。

幹嘛那麼麻煩？有什麼意義？	誰在乎啦？	我討厭……	我受夠了！	這太難了……	時間不夠。我來不及。	人生好難……

你的內在陳述

你最常脫口而出的限制性陳述有哪些呢？它們如何反映你的內在陳述呢？

你可以怎麼把那些敘述重新建構成更有幫助的說法呢？

正向聲明的冥想

這個過程的第一步是運用呼吸法消除內心的喋喋不休。定時三到五分鐘，照著以下呼吸指示，開始吧！

用鼻子吸氣，數五秒，用鼻子吐氣，數六秒。以這種方式延長吐氣時間，會給大腦慢下來的訊號，也讓神經系統平靜下來。

演練這種呼吸法幾分鐘，在你覺得平靜、滿足了之後，開始在你腦海重複一連串正向的聲明，或把它們大聲唸出來。你可以使用下面的聲明，或自己創作。

- 我允許人生簡單，人生就會簡單。
- 我愛自己、重視自己。
- 我值得得到我所渴望的。
- 只要下定決心，我什麼都能完成。
- 凡是對我有意義的東西，一定會自行找到我。

- 我很高興來到這裡，也迫不及待想看看自己將往哪裡去。
- 我要感謝的太多了。
- 人生好美，只要我願意如此見證。
- 我的經驗由我創造。
- 世界有好多良善的事。
- 信任別人的品德。
- 我得到充分的支持。
-
-
-
-
-

重點整理

照亮和正視你的限制性信念是個一輩子的過程，因為我們的過往和當下的經驗會一直形成新的念頭。以下是這一章討論的幾個重點：

- 心態工作的第一步永遠是不帶評斷地觀察目前的心態。經由這樣的自我評估，我們會開始關注內心需要處理的事情。
- 你的情緒是能望進潛意識的窗。觀察情緒變化，停下來加以探索，你可以找出深藏在你心底那些和情緒轉變有關的思維。
- 抱持定型心態的人的限制性信念：自己無法走出目前的情況和思維模式。
- 抱持成長心態的人相信只要付出時間心力，就能精進他們想精進的技能。
- 在我們限制性信念的根源，是自尊憂懼的聲音。和你的自尊建立穩固的關係有助於瓦解限制性信念。
- 我們對外怎麼表達自己，如實反映了我們內心的對話。細究你自我表達時選用的語氣和詞語，這能幫助你挖出埋藏已久的限制性信念。

日記

Journal

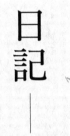

找出自尊可以幫助你觀察它，而不必認同它。自尊常被當成反派，但事實上，正因為有自尊，人類這個物種才可能倖存至今。所以，你真的該感謝那個為了保你平安而不斷嘮叨的聲音。自尊完全是出自善意，但你可以決定要不要劃定界線，讓它放心，你可以作出安全、健康的選擇。在這項練習中，給你的自尊寫一封深情、安心的信。

親愛的＿＿＿＿＿＿＿＿（你的自尊的名字），

謝謝你總是想讓我平安，我了解你擔心的是＿＿＿＿＿＿＿＿

＿＿＿＿＿＿＿＿＿＿＿＿＿＿＿＿＿＿＿＿＿＿＿＿＿＿＿＿＿＿

但我也希望你知道（用讓人放心跟充滿愛的語氣填寫給你的自尊的訊息）

＿＿＿＿＿＿＿＿＿＿＿＿＿＿＿＿＿＿＿＿＿＿＿＿＿＿＿＿＿＿

誠摯的祝福你

＿＿＿＿＿＿＿＿（你的名字）敬上

為求安心，自尊喜歡拿「比較」作工具，而「比較」常落地生根，變成不夠好或配不上的感覺。你發現自己有多常認同這一類的陳述呢？你需要外界的肯定才能感覺自己有價值或很不錯嗎？深藏你心底的恐懼是什麼？

自尊可以經由他人的質疑而啟動。你最常在別人質疑你的時候作何反應？聽到與你不同的見解，你很難不出言反對，或質疑提出見解的人嗎？深藏你心底的恐懼是什麼？

找出一個你生命裡的有害循環。那個循環是從什麼時候開始的？如何對你的人生造成負面衝擊？這個循環有讓你感覺到好處嗎？能讓你立即獲得滿足嗎？那能幫助你麻痺不舒服的感覺嗎？那會帶給你一陣興奮快感嗎？

覺得自己要喝酒才能做好社交的人，或許相信自己清醒的時候不有趣、不討人喜歡，而因為對此信以為真，他們可能會繼續在社交場合飲酒過量。這就是限制性信念使我們深陷不健康循環的例子。請回頭看你在上一個提示找出的有害循環，是什麼樣的限制性信念助長了那個循環？

你生命裡持續最久的有害思想有哪些？它們會造成身體不適嗎？如果有，是在哪些部位造成什麼樣的不適？它們會對你造成心理不適，例如焦慮或者憂鬱嗎？

是什麼樣的恐懼、悲傷或創傷造成你最常浮現的有害思想?你可以以它們為中心,創造出什麼樣的新故事?用下面的空間重新建構這些負面思想,改寫你的故事。例如,如果有人告訴你,你在某個時候不夠好,你也創造了一個故事確證了那種說法,那麼請寫下你夠好的所有事情,改寫那個故事。

寫下三個你限制性最強的信念，以及三句你可以取而代之的正向真言。比方說，如果你相信「我不夠好，沒資格擔任領導職務」，你可以換成這句真言：「我相信只要我奉獻心力，任何角色我都可以扮演得很好。」完成後，每當你的舊信念在日常生活中出現，就用上這些真言。

有個事實令很多人不太舒服，更難以理解，那就是我們的觸發因子反映了我們的內在創傷，引導我們前往需要療癒的地方。雖然為我們的感覺或反應怪罪他人更容易，但真正該負責的只有我們。例如，惹你生氣的並不是某個人。他們可能做了你覺得不高興的事，但你可以決定要不要有所反應或回應，以及作何反應或回應。當我們允許別人主宰這些事情，我們就是獻出我們的權力，任憑外力處置。我們每個人唯一能控制的是自己的行為，但很多時候，我們會在無意間試圖管理身邊的人，使他們以我們覺得愉悅的方式行事，而當他們表現出不一樣的舉動讓我們失望，我們就會覺得被觸發。在這一章，你將研究你的觸發因子來發掘潛藏的創傷，並學會如何把觸發因子當成強有力的工具，來加深對自己的理解。慢慢地，勤加練習，只要了解觸發因子的根源，你就可以加以治癒創傷了。

Chapter

06

辨識、了解
你的觸發因子

治癒觸發因子帶來化解

凱西自稱控制狂，她的朋友、同事、三個已成年子女也都這麼覺得。和家人，尤其是和孫子相處的時間，對她來說非常重要，她也喜歡在星期天邀請大家去她家吃頓大餐。話雖如此，但當這天結束時，她仍常覺得被觸發，深感挫折和失望。如你所見，凱西總是希望日子照她期望的方式度過，她想看到孫子在後院跑來跑去、男人們看美式足球、女人們在廚房幫她忙。可是，事情很少像她希望的那樣進行。

當她和我分享她的挫折和受傷感覺時，我問她，掌控家庭聚會為什麼那麼重要？她透露她對以前的一件事感到內疚：因為她跟丈夫離婚，她孩子的童年中有大多時間沒有父親在場。她對自己的父親，以及一家人如何相處，有好多美好的回憶，而她也好想給她自己的孩子那些──而在家庭聚會中控制全家大小的行為就是一種方式，她想藉此為他們營造她理想中這種聚會應有的情景。我們一指出她這種控制需求的根源，她便能夠化解她的罪惡感，從此讓家庭聚會無拘無束地進行，不再執著於她想要的結果了。

探究你最常碰到的觸發因子

在觸發的那一瞬間，和你作出回應之間，是有段時間可以利用的——如果你有選擇好好利用的話。可惜，因為在我們的感覺被觸發的剎那，可能會產生非常強烈的情緒，很多人卻並未利用這段寶貴的時間，反倒任由反應的能量作主，衝動地發洩。要是發洩的舉動違背了我們的核心信念，這樣的反應便會導致內疚或羞愧。請練習在被觸發時停頓下來，這樣就能為你創造空間，脫離反應，進入回應。現在讓我們仔細觀察，探究一些你最常碰到的觸發因子。

觸發的情境或內容	觸發如何顯現	筆記
	□憤怒 □內疚 □羞恥 □挫折 □悲傷 □焦慮	

□憤怒 □內疚 □羞恥 □挫折 □悲傷 □焦慮	□憤怒 □內疚 □羞恥 □挫折 □悲傷 □焦慮	□憤怒 □內疚 □羞恥 □挫折 □悲傷 □焦慮

練習自我調節，少點反應

我們在神經系統失調時比較容易被觸發，學習自我調節就能幫助你減少反應。當神經系統失調時，大腦最原始的部位，也就是戰/逃反應發生的部位就會活化。當我們幫神經系統恢復正常，就能關閉那個部分，讓主管邏輯、計畫、決策的前額葉當家作主。

自我調節很容易做到，但需要持之以恆，成為習慣。只要控制肌肉，我們就能控制要活化大腦哪些部位。每天試著用「身體掃描」檢查全身五到十遍。先從頭頂開始，讓意識慢慢往下經過身體，感覺你哪裡緊繃，便刻意放鬆那裡的肌肉。持續練習至少三星期，來建立習慣，並記下自我調節前後的感覺。

一旦被觸發，你最常作何反應呢？了解你常有的反應能幫助你打破不健康的循環。你最近曾在什麼樣的情境被觸發，而你又是怎麼處理呢？你有更好的回應方式嗎？那是什麼？

擬訂計畫幫助你練習停頓

在你遭遇觸發因子之前擬訂因應計畫，有助於減少反應。比方說，你可以選擇離開現場冷靜下來，再決定下一步，也可以練習深呼吸來安慰冒出來的不適情緒。請用下面的空間決定你要選擇在這些情境中作何回應。

你覺得哪個觸發因子最難放開？為什麼有這種感覺呢？它跟你過去的創傷有關係嗎？

我可以選擇如何回應，
藉此掌控自己的行動。

被觸發時，運用你的感官讓自己穩下來

「穩下來」（grounding）[8]是帶我們回到自己的身體，不與那些劇烈情緒合為一體的技巧。這種方法在你覺得生氣、不集中或焦慮時運作得最好。

下一次經歷觸發因子時，請停下來，釐清下面幾點：

- 你看得到的五件事
- 你觸摸得到的四件事
- 你聽得到的三件事
- 你聞得到的兩件事
- 你嚐得到的一件事

觸發帶給你的身體什麼樣的感覺呢？會使你心跳加速、口乾舌燥、雙手握緊？知道這些情緒如何在你的身體裡顯現，有助於辨識你貯存它們的方式，也

讓你得以安全地釋放那股能量。

8.「grounding」是瑜伽、冥想、心靈療癒等領域常用的技巧，亦稱「接地」、「扎根」，也就是與大地能量連結。

回溯觸發因子的源頭

花點時間探索觸發因子的來源，便可以在源頭治癒它。請回到這一章的第一項練習：找出你最常碰到的觸發因子。一次挑一個項目，做完整份清單。接著，請用下面的問題追溯你的觸發因子，直抵源頭。

碰到什麼樣的情境會觸發？

例：看到有人在社群媒體跳舞，我就會覺得被觸發。

因為這個觸發因子，你感受到哪些情緒？

例：我覺得不爽，有時候甚至很生氣。

你認為這種特定情境為什麼會讓你產生那些感覺？

例：我也希望自己能有那種自信來真誠地展現自己，不必在意別人怎麼想，所以一看到別人能如此不受拘束地展現，就會覺得嫉妒。

這個觸發因子源於先前什麼樣的經驗？

例：小時候，大人常說我太超過了。他們一直傳遞這種訊息，讓我覺得自己是異類，也讓我覺得沒有安全感。長大後，我還是很擔心，如果我表現自己的這一面，別人會怎麼看待我。

我的觸發因子是我最好的老師，它能引領我前往心中需要治癒的角落。

測試你的觸發因子

健康的觸發會將我們推出舒適圈，啟發我們思考。當我們自我挑戰，接受觸發因子的教導，那就像在鍛鍊心智的肌肉，會變得愈來愈不容易被觸發。請挑戰自己，刻意置身容易被觸發的情境，一邊演練這一章為你展示的工具，用下面的空間書寫你的經驗。

在你刻意面對容易觸發的情境或內容時，遇到最大的挑戰是什麼，以及哪些工具最能協助你應付挑戰？

寄予同情

我們有很多觸發因子與他人的言行舉止，以及我們理解他人行為的方式息息相關，甚至常常覺得那些是衝著我們來的。只要練習抱持同情，自然不再那麼容易受他人行為煩擾。事實上，他人的行為很少是明確針對我們的。例如，跟你講電話很快就掛斷的人，也許是在擔心生病的孩子，急著回去照顧他們。

接下來的練習將幫助你對他人抱持更富於同情的態度。

1. 寫下三個常招惹你的人，指出原因，以及你如何感受這些觸發因子。

2.

3.

「梅塔冥想」助你連結同情

如果我們因為持續被特定對象觸發而累積怨恨或怒氣，「梅塔冥想」[9]可能變得極具挑戰性。請從你前一個練習列出的對象中挑選一位，接下來找個舒服、不會受打擾的地方，閉上眼，放鬆身體，專注於呼吸，把精神集中在自己身上。一覺得平靜，就開始讓你要冥想的對象浮現腦海。底下有幾句聲明，請照順序反覆唸五遍。這個強有力的練習能讓你重回愛的懷抱。

我要把愛送給＿＿＿＿＿＿【人名】。

我希望＿＿＿＿＿＿【人名】平靜安詳。

我希望＿＿＿＿＿＿【人名】過得愉快。

我希望＿＿＿＿＿＿【人名】富足豐盛。

我選擇愛＿＿＿＿＿＿【人名】、接受＿＿＿＿＿＿【人名】。

重點整理

如果順利，你已經能用全新的眼光看待那些會引發你強烈情緒的人、事和情境了。現在，可以盡情取用你新建立的信心，來正視你的觸發因子了。請記得，你愈是積極迎擊這些觸發因子，就愈能健康地處理和治癒。以下是我們這一章探討內容的摘要：

- 你的觸發因子會引領你去你內心需要療癒的地方。用好奇心善加處理，有助你一一克服。
- 神經系統失調時，你會覺得更容易被觸發。多練習自我調節，你會自然變得不易起反應。最好的做法是在你覺得緊繃的時候，聚焦於身體的肌肉，

---

9. Metta meditation。「Metta」為巴利語（與梵語相近），意味正向的能量和對他人仁慈。梅塔冥想的目標是對萬事萬物培養慈愛之心，包括自己，亦稱「慈愛冥想」（loving-kindness meditation）。

刻意放鬆。

- 擬訂計畫很重要，請選擇你要用哪種方式應付動輒觸發你的內容、對象或情境。這麼做能幫助你少點反應、多點回應。
- 花點時間探索觸發因子的原因，便可以在源頭治癒它。
- 我們很多觸發因子與他人的言行舉止，以及我們評斷那些行為的方式息息相關，只要練習抱持同情，自然不再那麼容易受他人行為煩擾。

日記

Journal

如果你把你的能量拱手讓給你過往的經驗，和其他在日常生活中出現的觸發情境，你就被剝奪權力了。你可能完全沒察覺到，自己是怎麼把你的能量送走的。我說「送走」，是因為你的能量是無法任意從身上被取走的。這是一種選擇——不是在意識，就是在潛意識層次進行。重複這句真言，將你的能量送回你的身體，然後利用下面的空間創造其他能賦予你權力的真言，以便在你需要時應用。

「現在，我要選擇喚回我之前有意無意送走的能量。」

對我來說，「賦權」的意思是＿＿＿＿＿＿＿＿＿＿＿＿。

我覺得在＿＿＿＿＿＿＿＿＿＿＿＿的時候，

被賦予最多權力，最能掌控自己的命運。

就我所觀察，我在感受到如＿＿＿＿＿＿＿＿＿＿＿＿

等強烈情緒時，會覺得權力被剝奪，對此，我通常會這樣反應：＿＿＿＿＿＿＿＿＿＿＿＿

＿＿＿＿＿＿＿＿＿＿＿＿。

更能賦予我權力的回應方式是＿＿＿＿＿＿＿＿＿＿＿＿。

請回想某一次有某件事情惹你不舒服或不高興的時候，那是什麼情況，而你起了什麼反應，讓你事後覺得權力仍握在手中，或是被剝奪了呢？下一次你有辦法選擇用更適合你的方式回應嗎？

＿＿＿＿＿＿＿＿＿＿＿＿

＿＿＿＿＿＿＿＿＿＿＿＿

從前面的練習挑選一個你希望解決的觸發因子，花點時間回想你是從什麼時候開始對特定人物、地方、事情、內容或情境起反應。觸發因子的根源是什麼？辨識出根源後，把你的經驗寫下來。

當你覺得情緒被觸發時，最常有的反應是什麼？你會洩憤嗎？會言不由衷，說心裡無意提及的話嗎？你會退縮、把自己關起來嗎？或者你會否認有不快的情緒，把那些事情封起來？以上只是一些例子，但去辨識你如何反應，有助於你更清楚地覺察這些循環。

建議你在進行任何陰影習作之前和期間練習自我調節，讓你能夠穩下來、以集中的心理狀態應付令你不適和容易觸發的主題。由上而下的神經系統調節法能先安定心靈再放鬆身體，由下而上的調節法則旨在先放鬆肌肉來讓心平靜下來。要練習由下而上的自我調節，只要覺察身體的緊繃、放鬆相對應的肌肉即可。用下面的核對表檢查全身，找出你緊繃的部位。身體緊繃的症狀包括咬緊牙根、收緊腹部、眉頭緊蹙、雙手握拳等等。

- □ 頭頂
- □ 額頭
- □ 眼睛後方
- □ 下巴
- □ 脖子
- □ 肩膀
- □ 上背部
- □ 下背部
- □ 上腹部
- □ 下腹部
- □ 臀部
- □ 大腿
- □ 小腿
- □ 手
- □ 腳

當在你處理緊繃的身體之前，先想想你目前感覺頭腦有多清晰、情緒有多愉悅。給一到十級分，一分最好，十分最差。別想太多，憑直覺寫下第一個想到的數字。

頭腦清晰：

情緒愉悅：

現在，請深吸幾口氣、聚精會神來放鬆你用核對表辨識出的部位。吸入放鬆的能量，把注意力集中在融化那些肌肉的緊繃，為時一分鐘。之後，再用同樣的一到十級分給自己的感覺打分數。如果你對自我調節前後的差別有任何想法或感覺，請記錄下來。

頭腦清晰：

情緒愉悅：

我們可能以為陰影習作主要是療癒創傷和正視限制性信念的方法，但檢討我們的態度和思索生命裡的重要關係，也是這項習作的重點。只要用心進行內在工作，你人生的所有領域都會獲得提升。在你學習徹底自我接納之際，你也會樂意用愛、用同情接納他人。

儘管許多關係會因為你戮力進行內在工作而進步，有些關係可能會離開，但你愈有自信、愈自在地劃定健康的界線，就會愈敏銳地辨別該關注哪些關係。對你生命有意義的人會尊重你新獲得的自愛，也明白一開始會在你為你設定的健康界線上，遇到些許抵抗。

在這一章，你將探索你經營關係的模式和行為，你將檢討它們的品質，就算時而不自在，也會誠實檢視你的陰影是如何影響你和家人、朋友、情人等等最珍貴的連結。

Chapter

07

透過陰影習作
改善你的人際關係

討好：創傷後反應

討好人的傾向是典型的創傷後反應，好發於蒙受過童年創傷的人身上。童年創傷不僅僅指虐待或忽視，很多時候，童年創傷比這不起眼得多。例如在艾蜜莉成長的家庭裡，她的父母花了很多時間反覆重演他們戲劇般的關係。從艾蜜莉很小的時候，她的母親就常把她視為情緒的依靠，想從她身上得到從丈夫那裡得不到的支持，因此艾蜜莉背負著不切實際的期望，需要表現出母親喜歡的樣子。

隨著艾蜜莉年歲漸長，開始建立其他關係，她把昔日母女互動教她的討好傾向帶進成年。她好比變成一隻變色龍，性格會隨著相處的對象變化。因為害怕不被別人接納，使她很難真誠地表現自己，她會讓別人的意見影響她的自我價值感，這在她的戀愛關係中構成惡性循環，使她感覺空虛而迷惘。

在她的課程中，我們主要著眼於「內在小孩」工作和「再撫育」

（reparenting）[10]。人生第一次，艾蜜莉覺得有足夠的信心展現不同凡響的自己，她終於自由了。

10.「再撫育」指治療師在治療中為個案創造可信任而有安全感的關係，就如孩子成長所需的滋養關係，陪伴個案經驗過往的創傷，給予同理、接納與支持，最終讓個案學會撫育自己。

共依存評估工作表

根據韋氏辭典，「共依存」（codependency）的定義是「一種心理狀態或關係，在其中，一個人表現出低度自尊和對認同的強烈渴望，而和另一個通常處於掌控或善於操控的人（例如酗酒和有毒癮的人）發展出不健康的依附」。

一如其他陰影層面，很多人對自己共依存的傾向渾然不覺。儘管這個名詞有時指關係成癮，且經常和戀愛連在一起，但這種不健康且通常單方面的依附可能在任何關係中形成。這種有害的連結固然通常是在一方需要被「操縱」時建立，但也不是絕對如此。

共依存還有其他可能造成這種不健康需求的根本因素：需要得到我們生命中特定對象（一位或多位）的認同、愛、關注和接納。花點時間仔細思考這裡列出的選項，判別哪些說法最能代表你的思想、行動或觀念。

健康關係心態	共依存關係心態
□我很容易就能表達自己，就算我覺得那可能會讓別人失望或者是不高興。	□我常避重就輕地帶過我的感覺，也很難分享我的想法、主意和見解，特別是知道別人可能不會樂於接受的時候。
□我劃定且執行健康的界線，了解每個人都要為自己的行為和選擇負責。	□我相信如果你愛某個人，就一定不會對他放棄希望。
□我把自己的需要列為優先，我知道這能夠幫助我更健康地去服務他人。	□我把他人的需求置於我的需求之前，致力發揮服務精神，就算那意味著自我犧牲。
□我慶祝我的勝利和成就，享受被他人肯定的感覺。	□成為聚光燈的焦點讓我感到侷促不安。
□我了解不是每個人都能欣賞我，這沒什麼關係。	□別人喜歡我很重要。
□我不喜歡對抗，但也不怕為正確的事情挺身而出，就算這樣會令他人不快或失望。	□我避免對抗，就算這有時會違背我的核心價值觀和信念。
□如果說「不」對我有好處的話，我不難把這個字說出口。	□我很難說「不」，常做討好別人的事。
□雖然我樂於助人，但人人都該為照顧自己的需求負責。	□我覺得被我生命裡的人需要是很重要的事。
□我只會在我真正犯了錯的時候誠心致歉。	□我常發現我老是在道歉，就算我什麼都沒做錯。

觀察健康的關係

仔細觀察其他人的關係是一種持續不斷的練習，這能幫助你辨識健康和不健康的行為，進而找出自己做了哪些不利於人際關係的舉動。

想想你的生命中某幾位能維持快樂、均衡關係的人，運用前一項練習的核對表，認清健康的關係心態該是什麼樣子。

釐清這些事情後，開始觀察那些維持健康關係的人是怎麼說話、怎麼行事，又是怎麼和彼此互動的。請注意他們健康的習慣，以及這些習慣為他們的關係帶來的益處。

如果這些是你覺得親近自在的人，不妨坐下來和他們聊聊，請教他們如何處理衝突、劃定了什麼樣的界線，在人際關係之外，還喜歡哪些社交活動和嗜好。用這些問題作為起點，如果覺得有必要，可以再增加其他問題。

我們大多會在人生某個階段表現出共依存的傾向，找出你曾在何時掉進這種模式。當時你有什麼感覺，又有多難表達你的感覺？是哪些深切的恐懼讓你不知不覺陷入共依存的行為？

劃定你的界線

關於劃定和實行健康界線的必要，我們都聽過很多，但真相是很多人並未嚴格落實明確的界線。若不夠明確，界線就會變得令人困惑，且薄弱得跟沒劃一樣。

我在引領你進行這項練習時，會提供範例讓你思考，但要思忖你的界線，光靠這裡的例子是不夠的。你可以聚焦於五大領域，請用這張工作表釐清和確認自己在每一個領域裡的界線。

1：明確劃定身體的界線。你對於公然「放閃」感覺如何？你的伴侶未經同意就不帶性意味地向你示愛，是可以的嗎？你喜歡成為吸引這種肢體接觸的對象嗎？有沒有哪些時候你更希望自己不受打擾，比如在洗手間或工作的時候？多少獨處時光是讓你覺得最為舒服的呢？

2：明確劃定性的界線。對你來說，有沒有哪些事情，是屬於逾越性分寸的？你覺得跟誰發生性行為很舒服，又是在什麼條件下發生？例如你是需要相愛，還是第一次約會就上床也無妨？你需要哪些條件，才會對你的性伴侶感覺舒服而有信心呢？一夫一妻制對你重要嗎？或者你對所謂健康的關係，抱持著沒那麼傳統的觀念？

3：明確劃定關於金錢的界線。你能感覺自在地把錢借給親朋好友，或向他們借錢嗎？你有不想把錢借給誰嗎，為什麼？你想跟你的伴侶各管各的錢，或喜歡聯合帳戶呢？什麼事情由誰付錢？

4：明確劃定你的情緒界線。你覺得你的感覺有被人聽見，有獲得認同嗎？你覺得你可以暢所欲言而不會遭致批判或評斷嗎？當你覺得討論某些話題讓你不自在，你可以傳達給他人知情嗎，那些話題又是什麼呢？

5：明確劃定時間界線。對你來說，在戀愛關係以外還有自己的時間，是必要的嗎？那樣的時間在你看來是什麼樣子？你需要那些時間來完成什麼目標？你需要和朋友、家人和伴侶共度多少時間，才會覺得在那些關係裡獲得滋養？如果有人向你需索你並不想付出的時間，你很容易說「不」嗎？

劃定和落實必要的界線

你已經釐清並寫出你在五大關鍵領域的界線，也已經確定自己需要在生命裡鞏固哪些不許他人逾越的界線，現在是應用這些資訊的時候了。這可能需要你找伴侶、家人和朋友討論你的需求和期望。

剛開始執行新的界線時，請作好心理準備，你的關係難免會出現亂流。畢竟，沒有人喜歡改變，而對某些人來說，界線感覺起來可能和拒絕或拋棄無異。把目標擺在建立健康的期望，不要嚴厲待人。隨著對象作出調整，只要你致力在生命各關鍵領域維護堅定的界線，你和自己及他人的關係都會大大改善。

「有時你才是那個有毒的人。有時你才是你想推開的那個卑鄙、負面的人。有時問題出在你身上。而這不會減損你的價值。繼續成長吧。」——佚名

作出健康的改變

明白你有哪些重要的界線後，你可以在生命裡作出哪些健康的改變？你會怎麼努力劃清你設定的界線呢？關於設定和維護這些界線，你有什麼憂慮嗎？

我很容易劃定並維持尊重、支持核心價值觀的界線。

正視有害的人際關係習慣：你才是問題嗎？

承擔責任是強有力的陰影習作課題，每個人都會不時遇見。當你的人際關係出現問題，你的自尊為了保護你，會努力說服你一切都是別人的錯。事實上，一個巴掌拍不響，如果你的關係緊張，請承認，你某種程度也參與了讓它陷入緊張的事情。

下面的練習，請在預設情境中勾選最能描述你的傾向的回應，然後寫一句簡短的任務宣言，說明如有必要，你打算如何調整你的行為。

舉個任務宣言的例子：「有人給我有建設性的批評時，我會停下來想想他說的是否正確、是否有用。我願意敞開心胸接受這個資訊，不築起防衛的牆。」

當我獲得有建設性的批評時，我最常出現的回應是：

□ 覺得困窘或羞愧，而把自己關起來。

□ 開啟攻擊模式，猛烈反擊。

□ 哭泣、大叫、有罪惡感，勃然大怒。（這樣的行為是試圖在情感上操縱對方，讓對方做出不同的事。）

□ 以上皆非。我願意接受他人的指導和有建設性的批評，對於當時能否自在地談論什麼，我也劃定了清楚的界線。

下一次當我獲得有建設性的批評時，我想要（寫下你的任務宣言）：

當我覺得我在乎的人沒有給我足夠的時間，我會：

□ 壓抑、板著臉或做出「被動攻擊型行為」，如隱藏自己的憤怒，而以使用挑釁的言詞、愛理不理、怠工等方式暗示對方我生氣了來攫取注意。

□ 試著掌控、命令對方，堅決要求對方屈服，我想要他們給我多少時間，他們就得給我多少時間。

□ 覺得被排斥，對他們的行為耿耿於懷，常覺得自己可憐，或對關係產生不安全感。（抑鬱和嫉妒是落入這種心態陷阱常有的感受。）

□ 以上皆非。我會花時間想想自己的感覺，然後如實表達我覺得自己可能在哪些地方需要更多愛與支持。

下一次當我覺得好像需要我的伴侶、家人或朋友給我更多時間時，我會這樣回應：

要據實以告的時候：

□ 如果我覺得說謊能避免衝突，或者事實會給我負面衝擊，我會在我的關係中說謊。

□ 我沒有撒謊的習慣，但偶爾說點善意的謊言，不會傷害任何人。

□ 我不信任別人，這讓我很難開誠布公。

□ 以上皆非。雖然我可能令人失望，但我把誠實看得很重要，會努力盡可能誠實坦率。我了解誠實，加上良好的溝通，對任何關係的健康至關重大。

我會做到更誠實坦率，方法是：

在和他人打交道時，我：

□可能常給予批評，如果對方未按照我的意見調整行為，我會受挫或生氣。

□動不動就把挫折感投射到我最親近的人身上，就算他們不是我惱怒的原因。（這常在我們焦頭爛額、需要宣洩能量的時候發生。）

□讓對方作主，盡量不要無事生非，以保持和睦。

□以上皆非。我努力尊重我自己和我生命中的人，我會辨別我的關係，力求創造健康的連結。

我會透過實際行動來改善我的關係，做法是：

我愈是愛自己、愈是尊重和接納自己，就愈容易愛他人、尊重和接納他人。

負責任的實作

當我們在我們的關係裡犯了錯，或是未依照核心價值觀行事時，承擔責任也是一種解脫。列出你曾置身這種處境的經驗，一次著眼於一個就好。請注意在你正視過往的錯誤和弄僵關係的疏忽時，有什麼情緒冒出來。認清每一次你和別人爭吵或衝突時，自己要負什麼樣的責任。然後原諒自己，在未來選擇更好的做法。

以關係為鏡

只要我們願意理解，關係是一面鏡子，是我們與他人最親密的連結，也是珍貴的自我發掘工具。比如一個害怕接受愛的人，可能會不自覺選擇不善於表達情感的伴侶，同時又不禁納悶，他們為什麼老是吸引到同類型的人。

在這項練習中，你將更仔細地檢視你的關係是如何反映你的潛意識信念。請省思下面每一種關係，敞開心胸，想想它們反映了你的哪些面向，並在每一個欄位都寫一句簡單的敘述。

戀愛關係（過去的、現在的）	
親子關係	
兄弟姊妹／其他的家人	
友誼	

省思引導冥想

冥想是一種簡單的視覺化練習，很容易記住。每當你為求清晰透徹而想要與內在自我連結時，都可以運用。進行這種冥想時，你可以敞開自己，接收任何需要流動的訊息，也可以提出你想要得到答案的明確問題。準備好日記本，待冥想完成，就寫下你的體驗。

首先，請找個不受打擾的舒服地點。你可以坐下來，或躺下來，我也推薦你播放輕柔的冥想音樂來幫助放鬆。接下來，把注意力集中在呼吸上，深深吸氣，讓緊繃隨著吐氣釋放出來，允許你的身體徹底放鬆。

當你處於身心放鬆的狀態，想像眼前有一條路，通往一座古老的森林。沿著小路前進時，允許畫面的細節為你一一攤開。比如你可以聽到小鳥啁啾，或看到其他森林小動物匆匆來去。當你走進森林深處，請注意自己覺得多舒適、多安全。

繼續前進，你發現遠處有一池水。你向它走去，來到池水邊緣。起初水面波浪起伏，讓你難以看清那裡倒映些什麼。

現在，從心底喚出你的問題或意念，同時在池水旁邊跪下來。隨著你的問題或意念進入焦點，水面也變得和緩，直到完全靜止。水面變得清澈，你凝視著自己的倒影，請它給你訊息，或提出你的問題。讓你的倒影跟你說話，聚精會神聆聽它的訊息。你可以坐下來跟它對話，一問一答，想聊多久就聊多久。完成後，把你接收到的訊息寫下來，思索箇中意義。

探索你的關係模式

你從你最親近的關係中可以辨識出哪些共同模式？有哪些是健康的，哪些是你覺得需要你關注的？每一種模式的根本陳述是什麼？

重點整理

現在你已經愈來愈清楚你最特別的關係是怎麼運作的，也愈來愈了解你在其中扮演何種角色。以下是這一章內容的摘要：

- 儘管共依存有時被稱為關係成癮，且常和戀愛連在一起，但這種不健康且通常單方面的依附，可能在任何關係中生成。
- 劃定界線時，要關注的五大關鍵領域是我們的身體界線、性的界線、金錢界線、情緒界線，和時間界線。
- 在剛開始執行新的界線之時，你的關係難免會出現一些亂流，畢竟沒有人喜歡改變。而對於某些人來說，界線感覺起來可能和拒絕或拋棄並無差異。
- 人際關係出現問題時，你的自尊為了保護你，會努力說服你一切都是別人的錯。事實上，一個巴掌拍不響，如果你的關係陷入緊張，你也要負某種程度的責任。

● 我們最親密的人際關係，可能是自我發掘的珍貴工具。

日記

Journal

找出一個跟你關係緊張的人，在下面的圓圈中央寫下你們的名字。接下來，在圓圈裡填滿正向的詞語，可以形容那個人，也可以敘述你希望為你們的關係召喚什麼樣的能量。例如，你可以寫下「溝通改善」、「愛」、「寬宏大量」、「仁慈」、「同情」、「療癒」等，任由直覺引導你。若你心生抗拒，就用愛的能量呼吸。把圓圈填滿後，在圓圈外面、繞著圓周寫下這句話：「完成了，謝謝你，謝謝你，謝謝你。」

當你和生命中的人物起衝突時，你可能把注意力集中在對方身上，而忘了檢視自己也做了哪些推波助瀾的舉動。仔細想想你可能是怎麼在你的關係裡引發問題的，把你的想法寫在這裡。

你可以怎麼有自覺地改變你的心態，把焦點擺在困擾你的關係中更正向的層面呢？針對那些可能是你引發的議題，你可以怎麼承擔更多責任呢？

你和你自己的關係會為你生命中的每一段關係定調，若你能夠健康地愛自己，就自然能劃出和你自我價值一致的健康界線。給自己寫封情書吧！如果你覺得腳步沉重，想想你最大的不安全感是什麼，或是在哪方面對自己最嚴苛，然後圍繞這些事情寫下深情、安慰的訊息。完成後，來到鏡子前，望著鏡中自己的眼睛，向你自己讀你的情書。每天都唸這封信給自己聽。

在你給自己寫信、讀信的同時，阻力是如何出現的呢？你還可以採取哪些行動來改善你和自己的關係呢？

許多人抱持這個限制性信念：讚美、尊重、喜愛自己，是驕矜自滿的行為。

在想或說你自己的正面事情時，你有多自在呢？接受他人的恭維時，你有多自在呢？過去有誰讓你覺得你不值得被愛嗎？如果有，那如何影響你目前對自己的觀感呢？

寬恕是一個困難的課題。自尊會記恨，會形成抗拒寬恕的阻力。寬恕不代表你要赦免惡行，那只意味著選擇釋放你自己脫離憤怒的枷鎖，而這需要練習。請想出一個跟你有嫌隙的人，當那個人和相關情境浮現腦海，就開始下面的習題。

＿＿＿＿＿＿＿＿（對方的名字），

祝你＿＿＿＿＿＿＿＿（寫下一句正向的願望，例如健康、財富、愛、幸福等等）。

請再寫四次，每次換一句新的正向願望：

＿＿＿＿＿＿＿＿

＿＿＿＿＿＿＿＿

＿＿＿＿＿＿＿＿

完成後，大聲讀出你寫的內容，衷心感受這些祝福的能量。做五次，然後深呼吸，釋放練習期間冒出來的一切抗拒。

你覺得寬恕練習最困難的是什麼呢？當你向曾經以某種方式冒犯你或傷害你的人寄予祝福，你的自尊如何回應呢？你在練習期間湧出那些強烈的情緒是什麼？完成後又有什麼感覺呢？

陰影習作的旅程，真正邀請你參與的是愛自己、接納自己和同情自己。只要你欣然接受這些重要的概念，你生命裡其他每一段關係都會獲得改善。

我們都飽受社會壓力，非得以特定眼光看待事物，讓各種不切實際的生活方式得到美化，致使好多人覺得自己有所不足，或未達標準。在這一章，經由學習徹徹底底地喜愛和接納自己的所有層面——特別是陰影——你將著眼於建立最重要也最深情的關係：跟自己的關係。

只要擺脫所有圍繞著下意識形成的限制性信念，你不僅可以學會完完全全地愛自己，也能以前所未有的方式，真正和自己的心靈相契與了解自己。我們每甩掉一個自己的舊版本，就會被要求熟悉新的版本。這個過程，跟大部分的過程一樣，是永無止境的，而你的覺察力會愈來愈敏銳。

Chapter

08

擁抱陰影，永遠愛自己

自我覺察帶來內心清澈

準備參與課程的個案，我會寄給他們一份問卷，請他們在第一次上課前完成。其中，很多問題是用來判斷個案有多清楚自己的渴望、目標和動機。人們屢屢用「我不知道」、「問得好」、「我不確定」之類的說法來回覆問題，雖然這些問題可能不是要確立他們的長、短程目標，但在了解自己的熱情和嚮往之後，有時個案就能找到這些答案。畢竟，如果你連自己喜歡做什麼都不知道，要怎麼確知自己有什麼目標呢？

想想潔美的例子。潔美是我在這領域合作過較為棘手的個案。前三次上課，她幾乎什麼問題都沒辦法確定。

我很快明白潔美必須重新發掘自己。後來，她透露在生了兒子後，覺得背著母親和妻子稱謂的她，已經失去自我，不知道在母親和妻子之外，自己還是誰。我為她擬訂一個計畫，慢慢引導她自我發掘，幫助她在我們討論過而她先前不確定的領域，看得愈來愈清晰。最後，我們終於讓她步上軌道，實現她新找到的目標：在閒暇時間製作和銷售首飾。

探究什麼讓你心情開朗、帶給你愉快

通往自我發掘的路曲曲折折、綿延無盡，而隨著我們嘗到新的經驗，和因成長而轉變，我們會一再需要進行發掘自我的工作。

請完成下列填空來幫助你洞悉讓你興奮、愉快的事情。

當我＿＿＿＿＿＿的時候，時間過得飛快。

我覺得最愉快的活動是＿＿＿＿＿＿。

我喜歡利用空閒時間＿＿＿＿＿＿。

如果我能靠從事我想做的事情為生，我會選擇＿＿＿＿＿＿。

我覺得我在＿＿＿＿＿＿的時候最無憂無慮。

真希望我有更多時間＿＿＿＿＿＿。

我想要學習更多關於＿＿＿＿＿＿的事。

我亟欲完成＿＿＿＿＿＿。

我覺得這些主題很有趣：＿＿＿＿＿＿＿＿＿＿＿＿＿＿＿＿＿＿＿＿＿＿＿＿＿＿＿＿。

我和＿＿＿＿＿＿＿＿＿＿＿＿＿＿＿＿＿＿＿＿＿＿＿＿相處時覺得輕鬆開心。

更多你喜歡的事情

你從前一頁的填空練習發掘了哪些關於你自己、你的熱情和渴望的事情呢？

你想到哪些藉口或限制性信念妨礙你多做你喜歡的事呢？

追隨幸福

多做一些讓心情開朗、帶來愉悅的事，我們會吸引更多正向的經驗和機會。下面的實作，請應用你已經發掘的東西，騰出更多時間從事你深深喜歡的活動。

你可以如何在生活中騰出更多空間來多做這些事，這些事又是哪些事呢？具體說明這些活動是何種面貌，以及你要騰出哪些時間來從事這些活動。是要上課學習更多你有興趣的主題、和某個讓你開心的人共度更多時間、計畫更多旅行，或是為你的嗜好規劃更多時間呢？

每天都要刻意挪些時間多做一些能帶給你愉悅的事，並把你的經驗記錄在日記裡，供之後參考。你永遠不知道這會帶你到達哪裡。五年前，我選擇每天早上一邊散步一邊收聽具啟發性的 podcast，結果寫了三本書，也經營了自己的事業，這些都是當初我沒有預見的。活在當下、愉快地擁抱當下，生命就會以最神奇的方式開展。

你的理想人生，沒有局限的人生，看起來、感覺起來是什麼模樣？若哪天你掙脫了所有束縛，你發自內心渴望什麼呢？

釐清你的目標

陰影習作就是照亮未知。很多人可能沒想到設定目標也是陰影習作的一部分，但了解自己、夠清楚地認識自己，以便明白哪些目標對你至關重要，是這張拼圖不可或缺的一塊。

請用下表界定你的當前、短程和長期目標。

當前目標：你現在就可以努力，且相當迅速、容易達成的目標。

例：來趟週末小旅行，或拜訪獨居的家人

	目標1
	目標2
	目標3

	短程目標：要花一、兩年達成的目標 例：為大筆支出儲蓄，或寫一本書	長期目標*：要花五年以上才能達成的目標 例：擁有自己夢想的家、環遊世界、經營自己的事業
目標1		
目標2		
目標3		

*不要讓自尊說服你某些目標「太大」。

請在練習前參考日記提示，讓那些提示引導你規劃長期目標。

我會清除所有妨礙我體驗至高喜悅的一切。

（你還可以清楚辨識是什麼阻礙你享受喜悅，在更深的層次運用這句肯定句。）

讓你的夢想成真

既然你已經設定了明確的目標，現在就讓我們著手實現目標吧。任何我們嚮往的事情，都要靠一連串微小、可以管理的步驟來實現，而每一步都帶我們更接近想去的地方。成功者和沒有成功的人只有一個差別，那就是是否願意待在這條路上，耐心走完整個過程。

假設某個人的目標是成為激勵人心的演說家，能站在台上面對成千上萬人。讓我們也假設明天他一覺醒來，這個夢想神奇地變成現實。現在換他上台了，但他跳過所有帶他來到這個階段的步驟，所以他完全沒有準備，還沒有資格擔綱這個角色，你可以想像那有多可怕嗎？照理來說應該是美夢成真的事情，儼然成為一場惡夢。我們需要按部就班，需要從失敗中學習，需要一路充實知識，才能實現我們遠大的目標。

下面的練習就是要你朝著你的渴望採取小而可行，且可以實現的步驟。從每一個類別各挑選一個目標——當前、短程和長期——然後決定你要為每一個目標採取哪一個可行的步驟。想成為知名勵志演說家的人，可以從寫部落格或上講稿寫作課開始。務必設下時間限制（例如：「我要在這星期報名參加講稿寫作課」或「我要在月底前建立自己的部落格」）。

一一完成你列表上的目標，並隨著你獲得更多經驗，繼續設立新的目標。

用愛接受你的陰暗面

接受你的不完美、別讓你不完美的事實引發內疚、羞恥、不夠格等情緒，這是很重要的事。凡是人都不可能盡善盡美，承認我們需要進步，沒什麼好羞恥的。

在這個習題中，你將辨識並正視你的缺點，接著練習針對每一個缺點，給予自己愛與同情。你愈是自在地用愛、用接納來和你的陰影交手，就能愈快辨識出需要關注的領域，並依照你的核心價值觀作出調整。

先找出你的一個缺點，在你創造的每一個辨識出的句子底下，撰寫一個肯定句。每一個肯定句都要切合你感受到的缺點，並以「但我仍徹底愛自己、尊重且接納自己」收尾。

例如：

缺點：有時為了保持和睦，我會對伴侶不老實。

肯定句：我是正在進步的人，雖然因為害怕對抗，沒辦法完全按照我的核心價值觀行事，但我仍徹底愛自己、尊重且接納自己。

缺點：

肯定句：

缺點：

肯定句：

缺點：

肯定句：

缺點：

肯定句：

調整你的行為

你在這題辨識出的缺點，有沒有什麼根本因素呢？想想你可以怎麼調整行為來在這些領域提升自己。

鏡子練習

「鏡子練習」（mirror work）是以鏡子為工具來和自己聯繫。這個實作需要你在未來至少二十一天，每天找時間對著鏡子，一邊和鏡子裡的你視線接觸，一邊對自己訴說深情的話語。這也可以納入你一早的例行公事，一邊換裝一邊進行。

鏡子練習可能讓你非常不舒服，你甚至可能覺得愚蠢，擔心別人知道了會怎麼看待你。我鼓勵你放下這些憂慮和不適，專心練習。下面列出幾個詞句，你可以從這些著手，之後再基於你需要聽到的話語「客製化」你的聲明。

範例：

- 我愛你。
- 你裡外皆美。
- 我以你為傲。

- 你做得很棒。
- 你絕對值得。
- 你絕對不完美，那沒有關係！
- 你很重要。

透過這段陰影習作的旅程，你發現哪些與你有關的深刻事實呢？這樣的覺察如何改變你對自己的觀感，以及看待過往經驗的方式呢？

只要盡心盡力、持之以恆，我下定決心要實現的事，一定可以實現。

最後的省思

最後一項練習將帶你覺察你在走完這段旅程後成長了多少、凸顯你的勝利，並協助你回想，因為你不怕辛苦、專心致志於你個人的成長和轉變，哪些正向的蛻變已經發生了。

完成陰影習作之後，你的心態在哪些方面提升了？

因為你完成這項內在的工作，你嘗到了哪些勝利？

你的關係改善了多少？

完成這本工作手冊的過程中，你經歷過哪些「靈光一閃」的時刻？

陰影習作如何改變你的思考模式，以及對自己的感覺？

之前你的恐懼是如何使你渺小，而你已經採取，或是即將採取哪些步驟，來對抗這些恐懼？

慶祝一下

就算這是個好玩的習作，為自己慶祝仍可能令人感覺不自在。有些人可能覺得成為聚光燈焦點是在驕矜自滿或博取關注，但事實絕非如此。能夠自在地慶祝自己的勝利，也是擁有健康自信的象徵。

如果你已經走完全程，勤奮地做完所有活動和實作，來到這個最後的練習，你該驕傲地眉開眼笑。這值得慶祝一番，而這正是我在最後一項作業要你做的事情。

請為自己安排一件好玩的事，來慶祝你完成陰影之旅。你可以招待自己和伴侶或摯友一起吃一頓好料，或來一趟輕鬆的週末小旅行。你可以買你最愛的花獻給自己，或預訂你夢想已久的一日SPA。犒賞因人而異。請刻意選你想選的，因為你絕對值得！

重點整理

最後一章除了著眼於幫助你更透徹地了解自己，也要幫助你接納自己的所有面向，包括你的陰影。以下是請你記得的重點。

- 通往自我發掘的路曲曲折折、綿延無盡，但隨著我們嘗到新的經驗，和因成長而轉變，我們會一再需要進行發掘自我的工作。
- 多做會讓心情開朗、帶來愉悅的事，我們會吸引更多正向的經驗和機會。
- 很多人可能沒想到設定目標也是陰影習作的一部分，但了解自己、夠清楚地認識自己，以便明白哪些目標對你至關重要，是這張拼圖不可或缺的一塊。
- 接受你的不完美、別讓你不完美的事實引發內疚、羞恥、不夠格等情緒，是很重要的事。
- 能夠自在地慶祝自己的勝利，也是擁有健康自信的徵象。

日記

Journal

愛是你可以選擇體現的能量，而那將支持你接納自己的所有面向。陰影習作大多聚焦在如何改善藏身陰影裡的負面自己，但我想要改寫一下腳本，藉由帶領你關注你人生所愛的事物來取得一些平衡。請列出就你目前的經驗而言，可以讓你聯想到愛的種種，這可以是人、地方、寵物、歌曲、活動或其他事物。每當你需要提振愛的療癒力，可隨時重返這一頁。

1.
2.
3.
4.
5.
6.
7.
8.
9.

看看你的表單，你有多常投入能激發愛的能量的活動或情境，或和那樣的人在一起呢？你可以怎麼多規劃一些時間投入這些事情，你的時間分配會是什麼樣子？如果你每天刻意聚焦於愛的體現，你的人生可能會如何改變呢？

想想別人有哪些行為，是你會用嚴厲或評斷的眼光看待的。你可以怎麼多用點同情和愛來對待這個人、他們的行為，或那種情境呢？你的自尊會抗拒這樣的對待方式，所以請密切注意這種傾向，如果你察覺到抗拒，就要回到愛的空間裡面去。

三十秒的擁抱也被稱為「催產素」（oxytocin）擁抱，因為在這段為時不短的身體接觸期間，會分泌催產素這種荷爾蒙。催產素能減輕焦慮、中和壓力荷爾蒙，也能調節神經系統、促進身心健康。

就從每天不時給自己三十秒的擁抱開始吧。以一天大約三次為目標：早上、中午、晚上。如果你老是記不得時間，不妨在手機設定鬧鐘提醒。

你也可以練習給予伴侶、孩子、最好的朋友或家人長長的擁抱，來促進催產素分泌。

□ 擁抱之前：深吸一口氣，注意你在三十秒擁抱之前有什麼樣的感覺。在下面第一個欄位，記下你在你的身體或能量裡感覺到什麼。例如，你是否感覺胸口緊繃、或身體其他部位感覺到焦慮、沉重等等？

□ 擁抱之後：再深吸一口氣，並再次仔細覺察你的身體、心理和精神。把變化寫在下面第二個欄位。

我之前的感覺

我之後的感覺

若你與陰影的若干層面產生共鳴，你的行為也許就會跟你的核心價值觀不一致。覺察你的傾向讓你有機會契合你更崇高的自我，忠於你的核心價值觀。

請用下面的核對表來辨識出你是否有背離整合信念系統的行為。

□吼叫　□自毀

□謾罵　□羨慕

□說人閒話　□貪婪

□評斷、比較　□自私

□不老實　□討好人

□爭名奪利　□一觸即發

□固執　□不耐煩

□懷恨在心　□抱持惡意

□尋求外界的肯定

你的核心價值觀如何隨時間改變呢？哪些價值或觀念是你生命裡的大人在你小時候灌輸的？這些在你成年後有改變嗎？

在下列領域，哪些價值觀對你最重要？

家庭生活：

戀愛關係：

工作：

友誼：

跟自己的關係：

書寫新的故事

那些誕生於我們童年經驗的故事，常使我們卡在有害的循環和模式裡動彈不得。書寫新的陳述可以讓我們前往比較健康的空間，重新塑造我們現有的經驗。這項練習分成兩個部分：首先，你必須找出你的舊故事，再來，你必須創造新的。比方說，一個人如果在成長階段常遭母親批評，並投射不切實際的期望，長大後可能會有討好別人的傾向。他們創造的故事訴說：要值得被愛、被接納，就必須討好他人。更有幫助的新故事可能訴說他們值得被愛、值得肯定、值得欣賞——沒有附帶條件。請用這個練習引導你改寫一則屬於你自己的故事。

請找出一段經年累月的陳述，寫在下面的空間。

結語

恭喜！我真的好以你為傲，也希望你以自己為傲。這不是膽小的人能辦到的，而我們已經深深潛入好幾個陰影習作的主題了。

希望經由陰影習作的旅程，你已經學到許多關於你自己、你的經歷和周遭世界的事情了。我想要對你表達由衷的感激，謝謝你堅持到底、為你自己的成長付出心力。

你辛苦了這麼久，現在是享受成果的時候了。雖然許多成長是透過艱困、不適，甚至痛苦的經驗獲得，但成長也會透過喜悅提供給你。請衷心理解這個事實：你是可以透過愛和優雅而成長的。

非常謝謝你讓我參與你的旅程，而我絕對不會把這件事視為理所當然。引領人們完成這項工作，是我莫大的榮幸，也是我的天職，所以謝謝你給我空間，循序漸進完成我的使命。希望我的表現還算稱職。

我好愛你們。

——凱莉

推薦閱讀

- 《榮格概論》：鮑勃・洛夫著。容易理解的入門書，帶你認識榮格的生平，以及他圍繞著潛意識建構和分享的觀念。
- 《共依存無名會》：coda.org。由十二個步驟組成的社區計畫，協助支持難以建立健康關係的人。
- 《全人療癒：你就是自己最棒的治療師，400萬人見證的每日自我修復療程》：妮可・勒佩拉。學習如何辨識限制性信念的模式、正視制約思維，來重新連結你真正的自我。
- 《問題不是從你開始的：以核心語言方法探索並療癒家族創傷對於身心健康的影響》：馬克・渥林。這本書探究了跨世代的創傷和焦慮、憂鬱、慢性疼痛和其他身心疾患之間的關聯。
- 凱莉・布蘭布雷特的《感覺超好》（podcast，各大串流平台皆可收聽）
- 在我的《High Vibe》podcast中，我和許多來賓引領你走過林林總總的陰影習作主題。
- 《重新連線》（Rewired）：喬・迪斯本札博士主持（電視節目）。探究你的潛意識，學習如何重設大腦的線路，讓你可以養成健康的習慣、正視你的shadow、療癒你的創傷。
- 《自我療癒共鳴板》：妮可・勒佩拉和珍娜・威克蘭主持（podcast）。在這個podcast，你將學會如何辨識和正視你的模式、療癒你過往的痛苦經驗，並且更深刻地了解自我。

參考資料

- 美國疾病管制預防中心：〈心臟病與心理健康疾患〉，cdc.gov/heartdisease/mentalhealth.htm。
- 美國疾病管制預防中心：〈何謂表觀遺傳學〉，cdc.gov/genomics/disease/epigenetics.htm。

國家圖書館出版品預行編目資料

內在陰影療癒日記 / 凱莉・布蘭布雷特 著；洪世民 譯.--初版.--臺北市：平安. 2024.05
面；公分. --（平安叢書；第0796種）
（Upward；156）
譯自：The Complete Shadow Work Workbook and Journal: Exercises and Prompts to Prioritize Your Well-Being and Heal Old Wounds

ISBN 978-626-7397-42-8 (平裝)
1.CST: 潛意識 2.CST: 自我實現

176.9　　113005389

平安叢書第0796種

UPWARD 156

內在陰影療癒日記

透過書寫探究內心最深處，
與真正的自己和解

The Complete Shadow Work Workbook and Journal: Exercises and Prompts to Prioritize Your Well-Being and Heal Old Wounds

作　　者—凱莉・布蘭布雷特
譯　　者—洪世民
發 行 人—平　雲
出版發行—平安文化有限公司
台北市敦化北路120巷50號
電話◎02-27168888
郵撥帳號◎18420815號
皇冠出版社(香港)有限公司
香港銅鑼灣道180號百樂商業中心
19字樓1903室
電話◎2529-1778　傳真◎2527-0904
總 編 輯—許婷婷
執行主編—平　靜
責任編輯—張懿祥
美術設計—Dinner Illustration
行銷企劃—鄭雅方
著作完成日期—2024年
初版一刷日期—2024年5月

法律顧問—王惠光律師

讀者服務傳真專線◎02-27150507
電腦編號◎425156
ISBN◎978-626-7397-42-8
Printed in Taiwan
本書定價◎新台幣380元/港幣127元